다니엘 프로젝트
개정확장판

청소년용

다니엘 프로젝트

개정확장판

김은호 지음

청소년용

MISSION START!

Holy Habit Movement

BACK

FINISH!

다니엘의 21가지 영적 DNA를 통해 거룩한 습관을 세우라!

꿈미

나 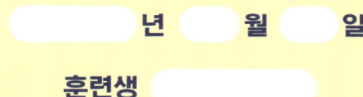 은/는 이 시대의 다니엘과 같은

믿음의 사람이 되기 위해 모든 훈련에

성실히 임할 것을 선서합니다.

　　　　　　 년　　 월　　 일

훈련생

다니엘이 이 조서에 왕의 도장이 찍힌 것을 알고도
자기 집에 돌아가서는 윗방에 올라가 예루살렘으로 향한 창문을 열고
전에 하던 대로 하루 세 번씩 무릎을 꿇고 기도하며
그의 하나님께 감사하였더라

다니엘 6장 10절

목차

내가 태어난 이유를 압니다

말씀 읽기

다니엘은 뜻을 정하여 왕의 음식
과 그가 마시는 포도주로 자기
를 더럽히지 아니하리라 하고 자
기를 더럽히지 아니하도록 환관
장에게 구하니

다니엘 1장 8절

핵심 문장

"요동치는 세상 속에서도
변함없는 하나님 말씀을 붙든 사람은
결코 흔들리지 않습니다."

오늘 아침 내 모습은?

• 오늘 눈을 뜨고 나서 가장 먼저 했던 일은 무엇인가요? 그 일을 하고 나서 나의 마음은 어떠했나요?

  ↳

• 하나님이 주신 귀한 하루를 어떻게 시작하는 것이 좋은가요?

  ↳

말씀 속으로

뜻을 정한 다니엘

나라를 잃고 바벨론의 포로가 된 다니엘 앞에 왕의 진미가 놓였습니다. 이제부터 이스라엘이 아닌 바벨론의 백성으로 살아가라는 요구였습니다. 하지만 다니엘은 다음과 같이 결단했습니다.

'나는 하나님 나라의 백성으로 살리라.'

그는 자신을 더럽히지 않기 위해 왕의 음식을 거절했습니다. 하나님이 율법을 통해 부정하다고 말씀하신 음식이었기 때문입니다. 거룩하게 살기로 뜻을 정했던 다니엘은 격동하는 시대 속에서도 끝까지 흔들리지 않았습니다.

'뜻을 정하여'에서 '뜻'은 히브리어로 '레브'입니다. 이것은 감정과 의지, 지성을 포함한 개념의 '마음'을 의미합니다. '정하다'는 히브리어로 '숨'입니다. 이것은 사람이나 사물을 특정한 장소에 둔다는 의미가 있습니다. 즉, '뜻을 정한다는 것'은 나의 마음을 있어야 할 자리에 두는 것입니다. 있어야 할 자리는 바로 하나님이 정하신 자리입니다. 그 자리가 하나님이 우리 각 사람을 부르신 자리, 즉 우리를 이 땅에 보내신 목적에 맞는 자리입니다.

Q1 뜻을 정한다는 것은 결국 무엇을 의미하나요? 위의 본문을 읽고 빈칸을 채워 보세요.

> 뜻을 정하다 → 내 마음을 있어야 할 자리에 두는 것 →
> (   ) 이 우리 각 사람을 (   ) 자리

나의 정체성 = 하나님의 사람

다니엘은 포로로 잡혔을 때에도 주눅 들거나 눈치 보지 않았습니다. 자신이 바벨론에 온 것은 하나님의 섭리였고 거기엔 분명한 목적이 있다는 것을 알았기 때문입니다. 우상 숭배 문화를 거스르며 기도하고 경건하게 하나님의 사람으로 살아가는 것, 그것이 다니엘이 바벨론에서 맡은 사명이자 정체성이었습니다.

다니엘과 세 친구는 왕의 진미를 거절하고 채소와 물만 섭취하는 것으로 자신들이 하나님의 사람임을 드러냈습니다. 왕의 진미와 포도주는 바벨론의 종교와 문화를, 채식과 물은 세상 문화에 저항하는 믿음과 정직한 삶의 방식을 상징합니다. 다니엘과 세 친구는 그들의 삶을 다스리는 분이 하나님임을 다른 이들에게 드러내고 싶었습니다. 그래서 그렇게 하기로 뜻을 정했습니다.

Q2 나의 정체성은 어떻게 표현할 수 있나요? 한 문장으로 적어 봅시다.

→ 나는 (   )다.

하루 한 걸음, 거룩한 습관

우리도 다니엘처럼 뜻을 정해 거룩한 습관의 첫걸음을 내디뎌 봅시다. 하루를 스마트폰이 아닌 성경 말씀으로 시작하는 것도 좋은 방법입니다. 예를 들어 매일 아침 눈을 뜨며 "주는 그리스도시요. 살아 계신 하나님의 아들이시니이다."라고 외워서 고백한다면 우리의 마음이 말씀으로 채워지게 될 것입니다. 이런 작은 습관이 우리 삶의 중심을 하나님께 두게 하고, 우리의 정체성이 하나님 나라의 백성이라는 것을 기억하게 해 줄 것입니다.

세상이 빠르게 변할수록 우리는 어떻게 살아야 할지 분명히 결정해야 합니다. 영원하신 하나님 나라, 변함없는 하나님 말씀을 붙든 사람은 결코 흔들리지 않습니다. 성령의 도우심과 말씀의 빛을 따라 매일매일 앞으로 나아갑시다.

Q3 하나님이 나를 이 시대에 부르셨습니다. 빠르게 변하는 세상 속에서 어떻게 해야 흔들리지 않고 하나님을 따를 수 있나요?

간단 요약

1. 우리는 하나님이 우리를 부르신 자리에 있어야 합니다.
2. 나는 하나님의 사람이라는 정체성이 분명하다면 어떤 상황에서도 믿음을 지킬 수 있습니다.
3. 하루를 성경 말씀 암송으로 시작하면 나의 정체성을 잊지 않고 거룩하게 살아갈 수 있습니다.

1. 현재 나의 목표는 무엇인가요?

----

2. 하나님이 나를 지금 이 시대, 이 가정, 이 학교, 이
   교회에 부르신 이유는 무엇이라고 생각하나요?

↳ 1과 2에 쓴 답이 일치하나요? 일치하지 않는다면
   나의 목표를 어떻게 바꿔야 하나요?

눈에 보이는 것이
전부가 아닙니다

말씀 읽기

왕이여 우리가 섬기는 하나님이 계시다면 우리를 맹렬히 타는 풀무불 가운데에서 능히 건져내시겠고 왕의 손에서도 건져내시리이다 그렇게 하지 아니하실지라도 왕이여 우리가 왕의 신들을 섬기지도 아니하고 왕이 세우신 금 신상에게 절하지도 아니할 줄을 아옵소서

다니엘 3장 17-18절

핵심 문장

"미래가 보이지 않는 지금이
바로 나의 믿음이 성장할 기회입니다."

기도했는데 왜 안 되지?

- 최근 하나님께 기도했던 소원은 무엇이었나요?
  ↳

- 기도한 대로 이루어지지 않았던 일이 있었다면 적어 봅시다.
  ↳

- 하나님이 내가 기도한 대로 응답해 주시지 않을 때, 어떤 생각
  이 드나요?
  ↳

목숨이 걸린 문제 앞에서

바벨론의 느부갓네살왕이 금 신상을 만들었습니다. 현대 단위로 환산하면 높이가 50m, 폭이 3m나 되는 엄청난 크기였습니다. 느부갓네살왕은 모든 백성에게 군악대의 악기 소리가 들릴 때 금 신상에 절하라고 명령했습니다. 이 명령을 어기는 자는 뜨거운 용광로에 산 채로 던져 넣겠다고 했습니다. 세계를 호령하는 권력자 느부갓네살왕의 명령을 감히 거역할 사람이 있었을까요?

그러나 다니엘의 세 친구인 사드락, 메삭, 아벳느고는 다른 이들과 달랐습니다. 하나님을 경외하는 자로서 결단코 금 신상 앞에 절할 수 없었지요. 그들의 조국 이스라엘이 선조들의 우상 숭배로 인해 하나님께 심판을 받아 바벨론에게 침략당했다는 사실을 누구보다 잘 알고 있었기 때문입니다. 그들은 금 신상에 절하라는 왕의 명령에 따르지 않으면 죽게 된다는 것을 알았지만, 그보다 먼저 우상 숭배로 인해 이스라엘이 다시 하나님과 멀어지고 죄를 짓게 될까 봐 두려워했습니다.

금 신상 앞에 절하지 않은 다니엘의 세 친구는 결국 왕 앞에 끌려왔습니다. 왕은 크게 진노하여 세 사람을 책망하면서도 그들이 너무 아까운 인재들이었기에 지금이라도 금 신상 앞에 절하면 한 번은 봐주겠다고 말했습니다. 이러한 삶과 죽음의 갈림길에서 사드락과 메삭과 아벳느고가 남긴 단호한 대답이 바로 오늘의 본문 말씀입니다.

Q1 본문 말씀을 다시 읽고 아래 빈칸을 채워 보세요. 그리고 소리 내어 읽어 보세요.

"왕이여 우리가 섬기는 하나님이 계시다면 우리를 맹렬히 타는 풀무불 가운데에서 (　　　　　　　　　　) 왕의 손에

서도 건져내시리이다 (   )
왕이여 우리가 왕의 신들을 섬기지도 아니하고 왕이 세우신 금
신상에게 절하지도 아니할 줄을 아옵소서"

진정한 믿음

사드락, 메삭, 아벳느고는 하나님이 모든 역사를 결정하시는 주
권자이심을 믿었기에 하나님의 말씀을 자기 삶의 기준으로 삼
았습니다. 하나님의 말씀을 지키겠다는 이들의 결연한 투지는
어디에서 나왔을까요? 바로 하나님을 향한 확고한 믿음에서 비
롯되었습니다. 그들은 하나님을 단지 자신의 소원을 들어주는
존재로 여기지 않았습니다. 하나님이 삶의 주인이시고 가장 좋
은 길로 이끄시는 분이시라는 것을 믿었습니다. 문제 해결을 위
한 신앙을 넘어 '하나님이 문제를 해결해 주시지 않는다 해도 내
믿음은 변함이 없다.'는 신념을 굳게 지킨 것입니다.

　크게 분노한 느부갓네살왕은 용광로를 평소보다 일곱 배나
더 뜨겁게 하라고 명령하고는 다니엘의 세 친구를 불 속에 던
졌습니다. 하지만 하나님은 두려움을 이기고 당당하게 믿음을
지킨 그들 앞에 있는 불을 꺼 주지 않으셨습니다. 눈앞에 보이

는 무서운 불구덩이 앞에서 세 친구도 하나님께 구해 달라고 간청하거나, 지금껏 말씀 잘 지켰는데 왜 이런 시험을 주시냐고 따져 묻지 않았습니다. 이번 테스트를 통과하면 하나님이 구해 주실지도 모른다며 속으로 계산하지도 않았습니다. 그들은 무조건 하나님을 신뢰했습니다. 기적이 일어나지 않아도 상관없었습니다. 그들이 생각하는 최악은 바로 자기 생명을 지키려고 하나님을 버리는 것이었기 때문입니다.

Q2 하나님보다 더 자주 생각하고 중요하게 여기는 것이 있다면 그것이 우상입니다. 나에게도 우상이 있다면 솔직하게 적어 보고 회개기도를 해 보세요.

나의 우상은 (   )였습니다.
하나님, 저의 죄를 용서해 주세요.

우상을 버리고 하나님만 신뢰하기

하나님은 우리 마음의 소원을 아십니다. 자녀 된 우리의 기도를 들으시고 가장 좋은 길로 인도하십니다. 우리가 성적이 오르고, 좋은 대학에 가고, 좋은 직장에 들어가고, 돈을 많이 버는 것은 하나님께 조금도 어려운 일이 아닙니다. 다만 그분은 우리가 무엇을 가장 중요하게 여기는지 보십니다. 소원이 우선인지, 아니면 하나님이 우선인지. 내가 기도한 대로 하나님이 이루어 주시기만을 바라는지, 아니면 하나님 한 분만을 바라는지.

미래에 대한 두려움, 성적 스트레스, 공부로 인한 압박감, 친구 관계의 문제…. 사방이 막힌 듯 답답한 상황일지라도 다른 욕망을 다 내려놓고 단순하게 하나님 한 분만을 신뢰하며 나아갑시다. 미래가 보이지 않는 지금이 바로 나의 믿음이 성장할 기회입니다. 도무지 되는 일이 없어 보일 때 나의 우선순위를 점검할 수 있습니다. 다니엘의 세 친구들처럼 거룩함을 지키기 위해 희생하고자 결단할 때 '그렇게 하지 아니하실지라도'의 믿음을 하나님께 드릴 수 있습니다.

하나님을 믿는 것과 나의 가정 환경, 나이, 경제적 상황, 여유 시간, 건강 상태는 아무런 상관이 없습니다. 하나님의 능력을 믿으며 그분이 하라고 하신 일을 해 나아갑시다. 그리고 모든 역사를 다스리시는 하나님의 주권을 신뢰하면서 믿음으로 살아갑시다.

Q3 뜻을 정하고 거룩한 습관을 유지하기 위해 지금의 내가 포기해야 할 것은 무엇인가요?

1. 사드락, 메삭, 아벳느고는 하나님이 우리를 구해 주지 않으셔도 우상 앞에 절하지 않겠다고 고백했습니다.
2. 하나님의 다스리심을 신뢰하면 나의 소원보다 하나님 한 분만 을 바라며 거룩한 삶을 살 수 있습니다.

⊙ 내가 현재 가장 간절히 바라며 기도하는 소원은 무엇인가요? 그 소원이 이루어지지 않는 상황을 먼저 상상해 보고, 그럼에도 하나님께 드릴 믿음의 고백을 적어 봅시다.

(   ) 신실하신 하나님의

완전한 주권을 신뢰합니다.

(예시: 원하는 학교에 가지 못해도, 대회에서 입상하지 못해도,

그 친구와 멀어진다 해도)

DANIEL PROJECT

하나님과
일상을 함께합니다

말씀 읽기

왕이 대답하여 벨드사살이라 이름한 다니엘에게 이르되 내가 꾼 꿈과 그 해석을 네가 능히 내게 알게 하겠느냐 하니 다니엘이 왕 앞에 대답하여 이르되 왕이 물으신 바 은밀한 것은 지혜자나 술객이나 박수나 점쟁이가 능히 왕께 보일 수 없으되 오직 은밀한 것을 나타내실 이는 하늘에 계신 하나님이시라 그가 느부갓네살왕에게 후일에 될 일을 알게 하셨나이다

다니엘 2장 26-28a절

핵심 문장

"우리는 하나님의 자녀로서
이 세상에 파송된 하나님의 대사들입니다."

들어가며

유행, 따라가야 해?

- 요즘 가장 유행하는 콘텐츠나 밈은 무엇인가요?

  ↳

- 빠르게 변하는 문화 속에서 그리스도인은 어떤 자세를 가져야 하나요?

  ↳

말씀 속으로

정체성이 충돌할 때

다니엘서는 바벨론 포로기와 그 이후 열강 시대를 배경으로 하고 있습니다. 이스라엘은 바벨론 제국, 메대-바사 제국, 헬라 제국, 로마 제국에 이르기까지 대제국들이 서로 먹고 먹히는 역사 속에 놓여 있었습니다. 다니엘은 그런 역사의 소용돌이 안에서 하나님을 대적하고 쾌락을 추구하는 문화 속에 던져졌습니다.

포로가 된 다니엘은 바벨론에서 새 신분을 받았습니다. 그 과정에서 다니엘은 하나님이 택하신 이스라엘을 버리고 바벨론의 학문과 철학과 종교를 머리에 채우도록 교육받았고, 이름 또한 바벨론 식으로 바뀌게 됩니다. 이름 안에는 정체성이 담겨 있기 마련입니다. '다니엘'은 '여호와 하나님이 나의 심판자이다.'라는 뜻이지만 다니엘이 새로 받은 이름 '벨드사살'은 '벨이 나를 지킨다.'라는 의미입니다. 벨은 바벨론의 우상이었습니다. 그러니까 다니엘은 이제부터 하나님이 아닌 벨에게 속하기를 강요받은 것입니다. 이는 바벨론 사회에서 당연하고 자연스러운 흐름이었습니다. 만일 다니엘이 이에 동의했다면 이 강대국 사회에서 좋은 평판을 얻었을 것입니다.

Q1 하나님의 사람인 우리는 다양한 신분으로 이 세상을 살아가고 있습니다. 이름을 제외하고, 나를 나타내는 호칭에는 어떤 것들이 있나요? 내가 어디에 소속되었는지 생각하며 찾아봅시다.

하나님의 대사

그럼에도 다니엘은 바벨론의 학문과 쾌락적인 문화에 동화되지 않았습니다. 정체성 또한 조금도 흔들리지 않았습니다. 바벨론이 다니엘의 이름은 바꾸었지만 하나님을 향한 다니엘의 굳은 신념과 믿음까지 바꾸지는 못했기 때문입니다. 다니엘은 '하나님의 백성'이라는 정체성이 확고했기에 바벨론의 문화와 구별된 삶을 살 수 있었습니다.

실제로 다니엘은 자신에게 벨드사살이라는 이름을 사용하지 않았습니다. 오히려 기회가 있을 때마다 그는 자신의 이름을 강조하며 사용합니다.

> "나 다니엘에게 처음에 나타난 환상 후 벨사살왕 제삼년에 다시 한 환상이 나타나니라"(단 8:1)

> "곧 그 통치 원년에 나 다니엘이 책을 통해 여호와께서 말씀으로 선지자 예레미야에게 알려 주신 그 연수를 깨달았나니"(단 9:2a)

다니엘서에서 바벨론은 세속 문화가 만연한 이 세상을 상징합니다. 그런 의미에서 볼 때 다니엘은 바벨론에 파송된 하나님의 대사였습니다. 마찬가지로 우리도 하나님의 자녀로서 이 세상에 파송된 하나님의 대사들입니다.

> "아버지께서 나를 세상에 보내신 것 같이 나도 그들을 세상에 보내었고"(요 17:18)

지금 우리가 사는 세상은 유행이 빠르게 변하고, 유명인이 보여 주는 삶을 따르지 않으면 왠지 시대에 뒤떨어지는 느낌이 들게 합니다. 이런 세상에서 우리는 하나님의 대사로서 세상에 발을 딛고 생활하면서도 이 세상에 속한 자가 되지 말고 하나님의 백성답게 구별된 삶을 살아야 합니다.

Q2 세상 속에 발을 딛고 살면서 거룩하게 구별된 하나님의 대사로 살아가기 위해 내가 할 수 있는 일은 무엇인가요? 작은 실천이라도 좋으니 적어 보고 결단합시다.

거룩한 선택

이제는 눈만 돌려도, 손만 뻗어도 쾌락을 주는 것들을 너무도 쉽게 접할 수 있습니다. 앱을 켜기만 하면 끝없이 각종 콘텐츠를 보여 줍니다. 그것들을 하나둘 접하다 보면 어느새 하나님과의 교제는 뒷전이 됩니다. 그에 더해 매체를 통해 들어온 잘못된 가치관이 나를 잠식할 수도 있습니다. 그동안 교회 안에서만 하나님을 주인으로 섬기고 교회 밖에서 다른 주인을 섬기지는 않았는지 자신을 점검해 봐야 합니다. 한 사람이 두 주인을 섬길 수는 없습니다. 우리는 내가 버려야 할 가짜 주인이 무엇인지 반드시 분별해야 합니다. 거룩한 삶에는 힘과 생명이 있지만 쾌락을 좇는 삶의 끝은 비참합니다.

나의 정체성을 기억하고 그것을 지킨다면 우리는 바벨론 같은 세상에서도 구별된 삶을 살 수 있을 것입니다. '나는 누구인가'에 어떻게 답하는지에 따라 '나는 무엇을 할 것인가'가 결정됩니다.

나는 누구인가요? 나는 하나님의 사람입니다. 나는 예수 그리스도의 제자입니다. 나는 주님의 거룩한 신부입니다. 구별된 나의 삶이 하나님께 드리는 예물이 되기를 기도하며 바벨론과 같은 이 땅을 담대하게 살아갑시다.

Q3 시험 시간과 예배가 겹치는 것처럼, 그리스도인의 정체성과 세상 속 나의 역할이 충돌할 때 어떻게 정체성을 지킬 수 있나요?

1. 바벨론은 다니엘의 이름을 바꾸고 학문과 문화를 주입했지만 다니엘의 정체성은 분명했기에 구별된 삶을 살 수 있었습니다.

2. 우리는 하나님이 이 세상에 파송하신 하나님의 대사입니다.

3. 그리스도인의 정체성을 잊지 말고 거룩하게 살아야 합니다.

⊙ 나의 휴대전화 속 앱을 구별해 봅시다. 하나님과 나를 멀어지게 만드는 앱은 무엇인가요? 그중 한 가지를 삭제하고 내 삶에 어떤 변화가 생기는지 알아봅시다. (컴퓨터 사용 시간, 게임 시간 조절로도 가능합니다.)

→ 221쪽 습관챌린지 #1로!

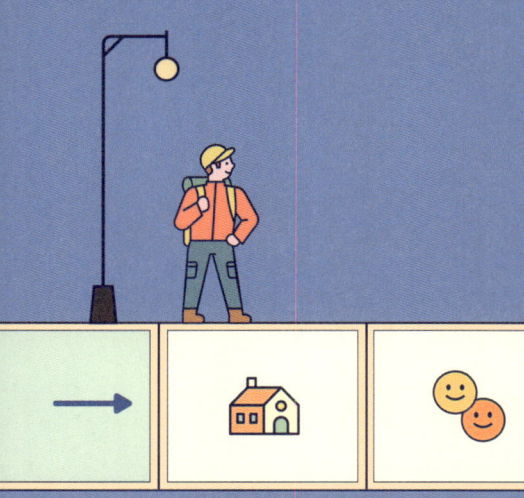

하나님이 주신
용기가 솟아납니다

말씀 읽기

그들이 왕 앞에서 말하여 이르되
왕이여 사로잡혀 온 유다 자손
중에 다니엘이 왕과 왕의 도장이
찍힌 금령을 존중하지 아니하고
하루 세 번씩 기도하나이다 하니

다니엘 6장 13절

핵심 문장

"기도하는 자가
용기 있는 사람이 됩니다."

들어가며

용기 있는 나!

- 최근 용기를 가지고 도전했던 일이 있나요? 작은 일이라도 생각해 보고 적어 봅시다.

  ↳

- 용기를 얻을 수 있는 비결은 무엇이었나요?

  ↳

말씀 속으로

왕의 명령보다 하나님을 선택한 용기

다니엘의 세 친구는 죽음 앞에서도 하나님을 신뢰했던 용감한 사람들이었습니다. 그 후 세월이 지나고 다니엘에게도 이러한 선택의 순간이 찾아옵니다. 그동안 다니엘을 시기해 오던 총리와 고관들이 그를 모함하고자 계략을 세운 것입니다. 그들은 왕 외의 다른 누군가에게 기도하는 것을 금지하는 법을 만들었습니다. 이를 어기면 사자들이 가득한 굴에 던져지는 벌을 받아야 했습니다. 왕은 기뻐하며 그 법을 반포했습니다.

다니엘이 공직자답게 나라의 법을 지키려면 신앙을 버려야 했고, 신앙인답게 믿음을 지키려면 목숨을 버려야 했습니다. 그를 시기하던 모든 사람은 다니엘이 덫에 걸리기를 손꼽아 기다렸지만, 용기 있는 다니엘은 늘 하던 대로 하나님께 하루 세 번씩 기도했습니다.

다니엘의 최우선 순위는 언제나 하나님과의 관계에 있었기 때문에 자신이 법을 어겨 어떤 결과를 마주하더라도 하나님의 뜻임을 믿고 순종할 수 있었습니다. 다니엘도 사람이기에 두려운 마음이 생겼을지 모릅니다. 하지만 그에게는 용기가 있었습니다. 용기는 두려움을 제어하고 절제합니다. 다니엘처럼 용기를 얻으려면 어떻게 해야 할까요?

두려움의 뿌리를 살펴봅시다. 우리가 예측할 수 있는 가장 부정적인 미래이자 최악의 상황은 아마도 죽음일 것입니다. 두려움을 끊어 내려면 죽음보다 위에 있는 진리를 기억해야 합니다.

지금 살고 있는 이 세상이 전부가 아닙니다.
하나님은 죽음을 이기십니다.
죽음 뒤에 하나님이 믿음의 사람들을 안아 주실 것입니다.

우리는 눈에 보이는 이 땅에서 잠깐 살다 가는 나그네입니다.

하나님의 영원한 시간에 비하면 이 땅에서의 시간은 잠시 지나가는 안개와 같습니다. 따라서 믿음의 사람은 현재의 삶보다 죽음 이후 만날 하나님 나라에 더 큰 소망과 의미를 두고 살아갑니다. 이와 같은 확실한 믿음이 있다면 우리도 두려움을 끊어 낼 수 있습니다.

Q1 나에게 필요한 용기는 무엇인가요?

① 나의 죄를 하나님 앞에 솔직하게 고백할 용기
② 잘못된 행동을 거절할 용기
③ 하나님의 말씀을 따르기 위해 무언가를 포기할 용기
④ 내가 원하는 것보다 하나님이 기뻐하시는 것을 선택할 용기
⑤ 사람들의 시선보다 하나님의 시선을 의식하는 용기

믿음 있는 자의 특권

성경 속 믿음의 사람들도 두려움을 마주했습니다. 하지만 하나님은 그들에게 "강하고 담대하라."라고 말씀하셨습니다. 그리고 하나님은 그들과 함께하실 것이라고 약속하셨습니다. 우리가 담대할 수 있는 이유는 우리와 함께하시는 전능하신 하나님이

계시기 때문입니다. 그렇다면 우리는 어떤 마음의 준비를 해야 할까요? 하나님과 같이 살아가는 삶에는 무엇이 필요할까요?

위대한 지도자 모세의 뒤를 이어 여호수아가 이스라엘의 지도자가 되었을 때 하나님은 말씀하셨습니다.

> "이 율법책을 네 입에서 떠나지 말게 하며 주야로 그것을 묵상하여 그 안에 기록된 대로 다 지켜 행하라 그리하면 네 길이 평탄하게 될 것이며 네가 형통하리라 내가 네게 명령한 것이 아니냐 강하고 담대하라 두려워하지 말며 놀라지 말라 네가 어디로 가든지 네 하나님 여호와가 너와 함께 하느니라 하시니라"
>
> (수 1:8-9)

여호수아는 스스로가 모세에 비해 초라하다고 느꼈을 것입니다. 자신의 부족함 때문에 이스라엘 민족이 무질서해지거나 실패할까 봐 두려웠을 것입니다. 하지만 하나님은 그런 여호수아에게 용기를 주시며 당부하십니다. 말씀을 가까이 두고 주야로 묵상하며 그 말씀대로 행하라는 것입니다.

말씀은 우리의 믿음을 굳건하게 합니다. 말씀을 가까이할 때 하나님이 우리와 함께하시며 하나님이 함께하심을 믿음으로 우리는 강하고 담대해질 수 있습니다. 말씀 속에서 힘을 얻고 하나님을 신뢰하며 말씀에 순종하는 사람은 두려움에서 벗어날 뿐 아니라, 두려워했던 그 일을 만나지 않게 될 것입니다. 하나님이 우리에게 그 일을 허락하지 않으시고 형통한 길로 인도하실 것입니다.

세상을 거스르며 말씀대로 살기 위해선 용기가 필요합니다. 내가 예측하는 미래보다 훨씬 크고 위대하신 하나님을 믿고 담대히 나아가는 것은, 다니엘과 여호수아가 보여 주듯 믿음 있는 자의 특권입니다.

그럼에도 내게는 아직 용기가 없다고 느껴진다면, 좌절하지 말고 두려움에 사로잡힐 때마다 하나님께 기도합시다. 기도하는 자는 용기 있는 사람이 됩니다.

Q2 여전히 내 안에 두려움이 있다면 어떤 믿음의 행동으로 두려움을 이길 수 있나요? 오늘 읽은 본문에서 답을 찾아봅시다.

1. 다니엘은 하나님께 기도하면 죽을 수 있는 상황에서도 용기 있게 하루 세 번씩 하나님께 기도했습니다.

2. 하나님을 향한 확실한 믿음을 가지고 말씀을 가까이할 때 우리는 두려움을 끊어 낼 수 있습니다.

● Daily Mission _ □ ✕

> ⊙ 나에게 용기를 주는 말씀은 무엇인가요? 그 말씀을 찾아 적어 보세요.

→ 221쪽 습관챌린지 #1로!

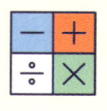

멈춰야 할 때를
압니다

말씀 읽기

그 때에 나 다니엘이 세 이레 동
안을 슬퍼하며 세 이레가 차기까
지 좋은 떡을 먹지 아니하며 고
기와 포도주를 입에 대지 아니하
며 또 기름을 바르지 아니하니라

다니엘 10장 2-3절

핵심 문장

"하나님이 쓰시는 선한 그릇이 되려면
자신을 비우고 깨끗하게 하는
시간이 필요합니다."

인내는 쓰고 열매는 달다!

각 상황마다 어떤 인내의 결과를 기대하고 있나요? 아래 문장을 완성해 보세요.

• 더 먹고 싶은 것을 참고 조절하면

   ↳ _____

• 놀고 싶은 것을 참고 공부하면

   ↳ _____

• 가만히 눕고 싶은 것을 참고 운동하면

   ↳ _____

다니엘의 절제

다니엘은 젊은 시절 바벨론 왕이 하사한 음식과 포도주를 거절했습니다. 그것들은 이방인의 관습대로 우상에게 제사로 바쳤던 음식이었기 때문입니다. 지금과는 달리 율법 시대를 살고 있던 다니엘과 세 친구의 입장에서는 왕의 음식을 먹는 것은 곧 하나님의 말씀을 거역하는 것이었으며 더 나아가 우상 숭배에 참

여하는 행위와도 같았습니다. 먹성 좋은 성장기 소년들에게 그 음식을 거부하는 일이 쉽지만은 않았을 것입니다. 하지만 그들은 자신을 더럽히지 않기로 뜻을 정했고, 채소와 물만 먹기로 결단했습니다.

오늘 성경 본문 속의 다니엘은 팔순이 넘은 나이입니다. 젊은 날에 국무총리가 되었던 그는 여전히 그 일을 감당하고 있었습니다. 그동안 왕이 세 번 바뀌었고 바벨론은 페르시아에 의해 멸망했습니다. 나라가 바뀌고 새로운 왕이 등장하면서 불안정한 시대가 이어졌습니다. 포로로 잡혀 왔다가 남의 나라에서 총리에 오른 다니엘은 특히 그 입지가 매우 불안했을 것입니다.

이러한 혼돈의 때에 다니엘은 성경을 읽었습니다. 그러면서 하나님의 뜻을 알게 되었고, 그는 기도하기 시작했습니다. 세 이레는 7일씩 세 번이라는 뜻으로 다니엘은 21일 동안 기도를 이어갔습니다. 그러면서 좋은 떡, 고기, 포도주를 입에 대지 않기로 했습니다. 아마도 그가 수십 년 전 바벨론에 포로로 끌려왔을 때 왕이 주는 음식과 포도주를 받지 않고 채소와 물만 먹었던 것처럼 최소한의 음식만 입에 댔을 것입니다. 다니엘은 언제든 좋은 음식을 먹을 수 있었지만, 그는 그것을 멈추고 마음을 비워야 할 때를 알았습니다.

기름은 몸을 씻은 뒤 바르는 것으로 당시 크림이나 향수의 역할을 했습니다. 다니엘에게 가장 시급하고 중요한 것은 기도였기 때문에 다니엘은 기름을 바르지 않은 푸석한 얼굴로 애통하며 기도에 전념했습니다.

만약 다니엘이 이렇게까지 하지 않았다 해도 누구도 그를 비난하지 않았을 것입니다. 그가 채식을 한다고 포로에서 풀려나는 것도 아니고 하나님의 특별한 약속을 받았던 것도 아니었습니다. 내가 이렇게까지 했으니 복을 달라고 하나님께 요구하지도 않았습니다. 다니엘은 오직 이스라엘을 위해, 전심전력으로 기도하려고 자신의 일상적인 유익을 내려놓았습니다.

Q1 나를 즐겁게 하는 것들을 떠올려 보세요. 하나님께 집중해야 할 때가 온다면 내 삶에서 가장 먼저 내려놓아야 하는 것은 무엇인가요?

절제가 필요한 이유

다니엘 프로젝트를 시작하며 우리는 거룩한 삶, 구별된 삶을 위해 앞서 아침마다 말씀을 암송하고 미디어 노출을 줄이며 일상에서 말씀 묵상과 기도 시간을 지켜 왔습니다. 이처럼 거룩한 삶은 절제와 함께할 수밖에 없습니다. 물론 죄의 본성은 우리를 끊임없이 부추깁니다. 어차피 한 번 사는 인생인데 마음껏 누리다 가야 하지 않겠냐며 욕망을 인정하라고 말합니다. 그러나 욕망만 추구하는 삶의 끝에는 항상 죄와 허무함, 우울함만 남습니다.

　요즘은 많은 사람이 목표를 이루고자 스스로를 통제하며 욕구를 내려놓고 있습니다. 하나님을 믿지 않는 사람들도 자기 삶을 위해 절제하며 살아갑니다. 더 자고 싶지만 참고 일어나 하루를 시작합니다. 운동하러 가기 싫어도 꾸역꾸역 일어나 운동을 합니다. 달고 기름진 음식을 먹고 싶어도 참고 건강한 한 끼를 챙겨 먹습니다. 마냥 놀고 싶지만, 열심히 자격증을 따고 영어를 공부합니다. 사고 싶은 것이 많아도 참고 자기 재물을 지킵니다. 하지만 그들의 절제는 오직 개인의 유익을 목표로 합니다.

　절제에도 목적이 있습니다. 다니엘의 절제는 경건함을 위한 것이었습니다. 낮은 자세로 기도하고자 스스로를 다잡은 것이었습니다. 죄에 끌려다니지 않으려고, 거룩하게 구별되기 위해 절제했던 것입니다. 나의 삶에서 '좋은 떡'과 같은 것은 무엇인 가요? 나를 즐겁게 하는 '고기와 포도주'는 무엇인가요? 외모를 윤기 있고 생기 있게 만들어주는 '기름'에는 어떤 것들이 있나 요? 이러한 것들이 우리의 인생을 풍요롭게 할 수도 있지만 우 선순위가 되어서는 안 됩니다. 나의 욕망을 자극하고 부추기는 것들이 무엇인지 인식하고 하나님이 원하실 때 언제든 그것들을 멈추고 내려놓을 수 있어야 합니다.

Q2 다이어트를 해야 하는 이유가 건강 때문이라면 우리는 왜 건강 해져야 하나요? 공부해야 하는 이유가 명문 학교에 진학하기 위해서라면 우리는 왜 그런 학교에 가야 하나요?

지혜로운 절제

절제의 목적을 바로잡았다면 그 다음으로는 지혜가 필요합니 다. 나의 절제를 위해 나와 연결된 사람들에게 무례하게 내 방 식을 강요하거나 피해를 입혀서는 안 됩니다. 또, 극단적인 방 식으로 가족에게 심려를 끼치거나 누군가를 곤란하게 하지 말아야 합니다. 다니엘은 독불장군처럼 왕이 주는 음식상을 뒤엎거나 환관장에게 자신의 뜻을 강요하지 않았습니다. 자신이 채식을 하다가 야위고 힘이 없어진다면 관리자인 환관장이 그 책임을 져야 한다는 것을 알았기 때문에 다니엘은 일단 열흘 동안 자신을 시험해 볼 것을 정중히 요청했습니다. 그의 절제는 주변 사람의 지지를 끌어내고 도움을 얻을 만큼 상식적이었습니다. 그런 다니엘의 모습으로 인해 환관장 역시 하나님의 살아계심을 함께 경험할 수 있었습니다. 이처럼 지혜로운 절제는 세상 앞에 성숙한 본이 될 수 있다는 점도 기억해야 합니다.

하나님이 쓰시는 선한 그릇이 되려면 자신을 비우고 깨끗하게 하는 시간이 필요합니다. 절제는 거룩한 삶의 실전 훈련입니다. 절제하면 나의 인간적인 욕망은 하나님을 향한 소망으로 바뀌고, 무엇을 해도 목마르던 삶은 하나님으로 충만해집니다. 절제를 통해 하나님 한 분만으로 만족하는 단순하고 충만한 기쁨을 경험하며 살아갑시다.

Q3 나의 절제 목적과 방법을 정리하여 한 문장으로 완성하고 소리 내어 읽어 봅시다.

나는 (목적:)을/를 위하여

   (때:)

   (방법:)하겠습니다.

⊙ 예시

"나는 (목즈: 하나님과의 친밀한 관계)를 위하여 (때: 자기 전에) (방법: 스마트폰을 보지 않고 성경 읽기를 실천)하겠습니다."

1. 다니엘은 전심으로 기도하기 위해 좋은 떡과 고기, 포도주, 기름을 금했습니다.

2. 절제에는 목적이 중요합니다. 왜 절제해야 하는지, 내 삶의 우선순위는 무엇인지 생각해야 합니다.

3. 지혜로운 방법으로 절제할 때 세상 앞에 성숙한 본이 될 수 있습니다.

⊙ 내가 잠시 멈춰야 할 것은 무엇인가요?

나의 삶에서 좋은 떡, 고기와 포도주, 기름과 같은 것은 무엇이 있는지 생각하고 적어 봅시다. 이런 것들은 우리의 삶을 풍요롭게 할 수도 있지만 하나님보다 우선이 되어서는 안 된다는 것을 기억하세요.

• 좋은 떡 : 일반적으로 쓰이는 것보다 더 품질 좋고 값어치 있는 것(비싼 옷, 특별한 수업, 좋은 집, 자동차, 화장품 등)

• 고기와 포도주: 나를 즐겁게 하고 시간을 빨리 소비하게 하는 것(영상, 게임, 맛있는 음식, 친구들과의 만남 등)

• 기름: 자랑하고 싶은 당당한 겉모습을 위한 것(자기 관리, 운동, 다이어트, 패션, SNS 등)

DANIEL PROJECT

→ 221쪽 습관챌린지 #1로!

일상이
새로워집니다

말씀 읽기

다니엘이 이 조서에 왕의 도장이 찍
힌 것을 알고도 자기 집에 돌아가서
는 윗방에 올라가 예루살렘으로 향
한 창문을 열고 전에 하던 대로 하루
세 번씩 무릎을 꿇고 기도하며 그의
하나님께 감사하였더라

다니엘 6장 10절

핵심 문장

"거룩한 습관을 반복한 만큼
은혜의 시간도 나날이 쌓여 갑니다."

무의식이 하는 일

- 나에게는 어떤 습관이 있나요? 표정, 몸짓, 루틴 등 무엇이든 적어도 좋습니다.

  ↳

- 혹시 말하기 부끄러운 습관도 있는지 정직하게 돌아봅시다. 그럴 때 어떤 마음이 드는지 적어 보세요.

  ↳

말씀 속으로

거룩한 습관의 힘

지난 4장 '용기'에서 묵상한 말씀과 동일한 상황입니다. 다니엘이 왕에게 두터운 신임과 총애를 받자 다른 두 총리와 고관들이 다니엘을 숙청하려고 왕을 찾아가 금령을 내려 달라고 했습니다. 왕 이외에 어떤 신이나 사람에게 무엇을 구하면 사자 굴 속에 집어넣자는 것입니다. 다니엘은 그것이 자신을 겨냥해 파 놓은 함정이라는 것을 잘 알았습니다. 그럼에도 그는 예루살렘으로 향한 창문을 열고, 늘 해 왔던 대로 하루 세 번씩 무릎을 꿇고 기도했습니다. 억울하고 두려울 수 있는 상황이지만 그는 변함없이 하나님께 감사하며 기도했습니다.

다니엘은 포로로 잡혀 왔을 때에도, 총리가 된 후에도 하루에 세 번씩 하나님께 기도하는 것을 멈추지 않았습니다. 총리에게 주어진 업무가 얼마나 많았을까요. 그럼에도 다니엘은 하루 세 번 기도하는 일을 빼먹지 않았습니다. 왜냐하면 이미 그는 그렇게 기도하겠다는 뜻을 정했기 때문입니다. 뜻을 정하지 않았다면 그 바쁜 일정 속에서, 또 죽음의 위험이 닥친 상황에서도 하루 세 번씩 기도할 수는 없었을 것입니다.

그는 얼마든지 타협할 수 있었습니다. 딱 30일만 기도를 멈추면 권력과 생명을 지킬 수 있었습니다. 30일만 참고 기다리면 자신을 해하려는 자들의 음모를 저지할 수도 있었습니다. 최소한의 타협으로 창문이라도 닫고 기도했다면 그는 훨씬 안전했을 것입니다. 그러나 다니엘은 타협하지 않고 늘 하던 대로 기도했습니다. 오랜 시간 그의 몸과 영혼이 기도의 습관으로 단련되어 있었기 때문입니다.

Q1 하나님과의 관계를 위해 내가 지키고 싶은 습관을 정해 봅시다. 그 습관은 나에게 왜 유익하다고 생각하나요?

습관이 나를 지킨다

하루에 세 번 기도하면 한 달에 약 90회, 일 년이면 1,095회, 10년이면 10,950회의 기도가 쌓입니다. 포로로 잡혀 온 다니엘이 뜻을 정한 시기는 16세쯤이었고, 오늘 본문 속에서는 85세 정도였을 테니 그동안 대략 76,650회에 걸쳐 기도의 씨앗을 심어 온 것입니다. 그 많은 시간 동안 하나님 보좌 앞에 머물며 하나님의 얼굴, 하나님의 뜻을 구했던 다니엘은 누구보다 굳건한 믿음의 사람이 되었습니다. 하나님과 깊고 친밀한 관계를 맺으며 하늘의 비밀을 알게 되었습니다. 다니엘에게는 하나님과의 관계가 끊어지는 것이 가장 두려운 일이었습니다. 죽음도 그보다 두렵지 않았습니다.

어떤 습관은 우리를 타락에 빠뜨리고, 어떤 습관은 우리를 더 위대한 삶으로 이끕니다. 반복되는 작은 선택이 모여 습관이 되기 때문에 아무리 작은 행동일지라도 흘러가는 대로 내버려두지 말고 훈련해야 합니다. 물론 습관 자체로 구원받을 수 있는 것은 아닙니다. 하지만 거룩한 습관은 하나님을 향한 사랑과 신뢰의 표현이며 죄를 피하는 방법이 될 수도, 위험하거나 결정적인 순간에 흔들림 없이 옳은 방향으로 나아가도록 지지하는 힘이 될 수도 있습니다.

"습관이 나를 지킨다."라는 말이 있습니다. 나에게 유익을 주는 어떤 행동을 반복하면 그 행동이 몸에 익숙해지고 나중에는 그 습관을 따라야 마음이 편안해집니다. 그렇게 되면 유혹에 쉽게 빠지지 않고 목표에 집중할 수 있게 됩니다.

Q2 작은 실천들이 모여 습관이 됩니다. '하루 성경 한 장 읽기'보다 '하루 성경 한 절 읽기'로 시작해 분량을 점차 늘려 보세요. 나를 지켜 줄 거룩한 습관을 만들기 위해 시작해야 할 작은 행동을 적어 보세요.

가장 귀한 예수님을 위해

주위를 둘러봅시다. 나에게 도움이 되는 것과 나를 넘어지게 하는 것 중 무엇이 더 많이 보이나요? 컴퓨터 혹은 TV나 휴대 전화를 살펴봅시다. 의를 향한 것과 죄로 향하는 것 중 무엇이 더 많나요? 손가락 하나로 소중한 시간을 끝없이 낭비할 수 있는 것들이 넘쳐 나는 이 때, 거룩한 습관은 나를 지키며 삶에 놀라운 유익을 더해 줄 것입니다.

우리는 가장 중요한 것, 가장 귀하게 여기는 것에 시간과 에너지를 씁니다. 무엇과도 비교할 수 없이 귀하신 예수님이 우리의 보화입니다. 하나님과의 만남이 내게 가장 중요한 일이 되도록 마음을 새롭게 하며 거룩한 습관을 만들어 갑시다.

거룩한 습관을 반복한 만큼 은혜의 시간도 나날이 쌓여 갑니다. 하나님과의 관계를 귀하게 여기며 작은 습관들을 하나둘 세워 나갈 때 내 안에 변화가 일어날 것입니다.

Q3 거룩한 습관이 내 삶에 뿌리내린다면 10년 후의 나는 어떤 모습이 되어 있을지 구체적으로 상상하며 적어 보세요. 또한 그렇게 될 수 있도록 기도해 보세요.

1. 다니엘은 어린 시절부터 하루 세 번 하나님께 기도하는 습관을 가졌습니다.

2. 기도의 습관은 다니엘을 굳건한 믿음의 사람으로 만들어 주었습니다.

3. 거룩한 습관은 하나님을 향한 사랑의 표현입니다.

4. 거룩한 습관은 위험하거나 결정적인 순간에 나를 붙잡아 주는 힘이 됩니다.

⊙ 목표는 긍정적으로!

좋지 않은 것을 멈추자는 생각보다 좋은 것을 곁에 두자는 생각이 습관 형성에 도움이 돼요. '스마트폰을 안 보겠다.'보다 '성경을 조금이라도 읽겠다.'로 접근해야 한다는 것이지요. 내 삶에 좋은 습관이 뿌리내리도록 아래의 예시들을 긍정적인 방향으로 변경해 보세요.

• 게임을 안 하겠다. →

• 나쁜 말을 하지 않겠다. →

• 숏폼을 안 보겠다. →

→ 221쪽 습관챌린지 #1로!

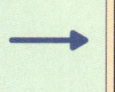  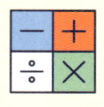 

다시 일어나면
됩니다

말씀 읽기

이르되 큰 은총을 받은 사람이여
두려워하지 말라 평안하라 강건하
라 강건하라 그가 이같이 내게 말
하매 내가 곧 힘이 나서 이르되 내
주께서 나를 강건하게 하셨사오니
말씀하옵소서

다니엘 10장 19절

핵심 문장

"결심이 희미해질 때,
눈앞의 문제와 연약함을 내려놓고
하나님을 다시 바라봅시다."

솔직히 힘들 때도 있어

• 지금까지 거룩한 습관을 지키기 위해 노력하면서 어떤 점이 가장 힘들었나요?

  ↳

• 습관을 유지하다 실패했을 때 어떤 생각이 도움이 되나요?

  ↳

예수님을 만난 다니엘

다니엘이 계시를 통해 이 땅에 큰 전쟁이 있을 것이라는 하나님의 뜻을 깨닫고 기도하기 시작한 지 21일이 지났습니다. 앞선 5장 '절제'에서 다룬 것처럼 다니엘은 좋은 떡, 고기와 포도주를 먹지 않고 얼굴에 기름도 바르지 않은 상태였습니다. 그동안 그의 겉은 야위고 푸석해졌을 것이고 그의 속은 하나님께로부터 어떤 응답도 듣지 못해 답답했을 것입니다. 그럼에도 다니엘은 자신이 정한 세 이레동안 끈기 있게 기도했습니다.

그러다 힛데겔강에서 영광의 예수님을 환상으로 보게 됩니다.

"그 때에 내가 눈을 들어 바라본즉 한 사람이 세마포 옷을 입었고 허리에는 우바스 순금 띠를 띠었더라 또 그의 몸은 황옥 같고 그의 얼굴은 번갯빛 같고 그의 눈은 횃불 같고 그의 팔과 발은 빛난 놋과 같고 그의 말소리는 무리의 소리와 같더라"

(단 10:5-6)

다니엘과 함께 있던 무리는 그 모습을 보지 못했음에도 두려워 모두 도망쳐 숨었습니다. 혼자 남은 다니엘은 몸에 힘이 빠진 채 핏기 없는 얼굴로 하나님의 음성을 들었습니다. 그리고 곧 쓰러져 잠이 들었습니다. 그러자 하나님은 천사 가브리엘을 통해 그를 어루만지며 일으키셨습니다.

"내게 이르되 큰 은총을 받은 사람 다니엘아 내가 네게 이르는 말을 깨닫고 일어서라 내가 네게 보내심을 받았느니라 하더라 그가 내게 이 말을 한 후에 내가 떨며 일어서니"(단 10:11)

Q1 몸에 힘이 다 빠졌던 적이 있나요? 그때 어떻게 다시 힘을 얻을 수 있었나요?

포기하지 않으면

천사는 놀라운 메시지를 전했습니다. 다니엘이 처음 기도하기 시작했을 때부터 하나님은 다니엘의 기도를 들으시고 응답하셨다는 것입니다. 그런데 천사가 하나님의 응답을 전달하러 오는 길을 바사의 군주가 막으면서 시간이 지체되었고, 미가엘 천사장이 나서서 도와준 덕분에 지금 여기 온 것이라고 합니다. 여기서 바사의 군주는 페르시아 지역의 악한 영을 말합니다.

이것을 보면 기도가 얼마나 치열한 영적 전투인지 알 수 있습니다. 우리가 기도하면 천사들이 동원되어 기도의 응답을 가지고 옵니다. 그런데 만약 다니엘이 기도를 중간에 포기해 버렸다면 다니엘은 기도의 응답을 받을 수 없었을 것입니다. 기도는 분명 영적 전투이며, 끝까지 기도하는 끈기는 그 전투에 임하는 군사가 지녀야 할 태도라고 볼 수 있습니다. 끈기 있게 기도의 끈을 놓지 않는 사람은 하나님이 허락하신 승리를 경험할 수 있습니다.

천사의 이야기를 듣는 동안 다니엘은 얼굴을 땅에 숙이고 아무 말도 할 수 없었습니다. 그때 어느 손이 그의 입술을 어루만졌고, 그제야 다니엘은 입을 열어 말하기 시작했습니다.

"내 주여 이 환상으로 말미암아 근심이 내게 더하므로 내가 힘

이 없어졌나이다 내 몸에 힘이 없어졌고 호흡이 남지 아니하였

사오니 내 주의 이 종이 어찌 능히 내 주와 더불어 말씀할 수

있으리이까 하니"(단 10:16b-17)

다니엘은 21일 동안 쉼 없이 기도하며 음식도 절제했습니다. 그러다 환상 속에 영광스러운 예수님과 천사를 만났지만, 그의 몸에는 아무런 힘이 남지 않았고 숨도 제대로 쉴 수 없었습니다. 그러자 천사가 다시 한번 다니엘을 어루만지며 말했습니다.

"이르되 큰 은총을 받은 사람이여 두려워하지 말라 평안하라

강건하라 강건하라"(단 10:19a)

이 말을 들은 다니엘은 바로 힘이 솟아났습니다. 살아갈 힘, 기도할 힘, 순종할 힘이 생겨난 것입니다.

Q2 다니엘 프로젝트를 시작한 이후 거룩한 습관을 이어 가기 어려 웠던 경험을 떠올려 봅시다. 위의 본문을 읽고 어떤 마음이 들 었나요?

실패한 그 자리에서 다시 시작하기

거룩한 습관을 만드는 것은 운동 계획이나 공부 습관을 잡는 것과는 다릅니다. 우리가 기도해야 할 이유는 우리 개인의 영적 성장이나 강건함만을 위한 것이 아니기 때문입니다. 기도와 말씀을 통해 하나님을 알아 가고 그분과 친밀한 관계를 맺으며 이 땅을 향한 하나님의 뜻을 깨닫는 일은 나와 내 가족, 나라와 민족과 열방, 그리고 눈에 보이지 않는 영적 세계 전체에 영향을 줍니다.

오늘 나의 경건, 오늘 나의 기도, 오늘 나의 거룩한 결정이 온 세상을 향한 하나님의 구원과 은혜의 큰 그림 중 한 부분이 됩니다. 우리는 혼자가 아닙니다. 하나님의 놀랍고 선하신 계획 안에서 우리는 그리스도께 공급을 받고 그분과 연결되어 있습니다. 지치고 힘이 없을 때, 실패하여 좌절할 때 하나님께 구하면 그분이 우리를 어루만지시고 강건하게 하십니다. 내게 끈기가 없다면 바로 그 점을 하나님께 솔직하게 아뢰며 기도합시다. 다시 일으켜 주실 것입니다.

거룩한 습관을 지키겠다는 결심이 희미해질 때, 눈앞의 문제와 연약함을 내려놓고 하나님을 다시 바라봅시다. 지금껏 잘 실천하지 못했더라도 지금 이 자리에서 다시 시작할 수 있습니다.

정직하게 나아가 하나님의 도우심을 구하십시오. 하나님이 우리를 만나 주시고 힘을 주셔서 강건하게 하실 것입니다.

Q3 지금 이 자리에서 다시 일어나 정직한 마음으로 하나님의 도우심을 구하는 기도를 적어 봅시다.

간단 요약

1. 다니엘이 끈기 있게 기도하는 동안 천사는 영적 전투에서 승리할 수 있었습니다.
2. 지쳐 쓰러진 다니엘에게 하나님이 새 힘을 주셨습니다.
3. 우리가 기도할 때 나라와 민족과 세계, 영적 세계에 영향을 줄 수 있습니다.
4. 지치거나 실패하여 좌절할 때 그 자리에서 기도하면 하나님이 새 힘을 주실 것입니다.

⊙ 나는 이렇게 될 거야!

거룩한 습관을 이어 가는 것이 힘들거나 부담이 되었나요? 이 습관을 통해 어떤 결과를 얻기를 원하는지, 혹은 내가 어떤 사람으로 성장하기를 원하는지 구체적으로 상상해 보세요. 그리고 내가 꿈꾸는 그 모습을 그리며 하나님의 도우심을 구해 보세요.

"하나님, 제게 거룩한 습관을 이어 나갈 힘을 주세요.

그래서 (   ) 모습으로

성장하도록 도와주세요."

(예시: 하나님의 영광을 위해 살아가는, 건강한 영혼과 생각을

가진, 다니엘처럼 경건한 등)

→ 221쪽 습관챌린지 #1로!

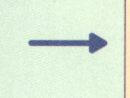   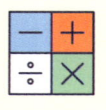 

8

기도

하나님께
가까이 갑니다

말씀 읽기

내가 금식하며 베옷을 입고 재
를 덮어쓰고 주 하나님께 기도하
며 간구하기를 결심하고

다니엘 9장 3절

"기도하면 세상의 변화에 흔들렸던
생각들이 고요해지고
하나님만 바라보게 됩니다."

오늘 나의 기도는?

• 오늘 하나님께 무엇을 기도했나요?

  ↳

• 만약 단 한 가지만 기도할 수 있다면 하나님께 무엇을 구하고 싶나요?

  ↳

말씀 속으로

파도 같은 세상 속에서

세상이 또 다시 뒤집어졌습니다. 바벨론의 권세가 꺾이고 메대와 바사 연합군이 그 땅을 정복했습니다. 새로운 제국, 새로운 왕의 시대가 열렸습니다. 사람들은 자기 살길을 찾기 위해 고군분투하며 어떻게 하면 새로운 왕의 눈에 들지 궁리했고, 힘 있는 자들은 자기 세력을 지키기 위해 밤낮으로 모여 수군거렸습니다.

하지만 급변하는 시대의 파도 속에서도 다니엘은 변함없이 기도의 자리를 지켰습니다. 그는 나라의 흥망성쇠가 하나님께 달렸다는 것과 오직 하나님이 역사의 주관자가 되신다는 사실을 확실히 알고 있었습니다. 그래서 다니엘은 기도할 수밖에 없었습니다. 육신의 눈으로 봤을 때의 그는 작은 방에서 홀로 무릎 꿇은 노인에 불과하지만, 영적인 세계에서 그는 역사의 긴 흐름과 하나님의 측량할 수 없는 섭리를 가슴에 품은 거대한 사람이었습니다.

다니엘이 기도하는 장면은 다니엘서 2장에 처음 등장합니다. 아무도 느부갓네살왕의 꿈을 해석하지 못해 바벨론의 모든 지혜자들이 생명의 위협을 받았을 때 다니엘은 세 친구들에게 이 사실을 알리고 함께 기도하기 시작합니다. 그 결과 하나님이 다니엘에게 놀라운 지혜를 주셨고, 그가 왕 앞에서 하나님의 뜻을 선포할 수 있었습니다.

이후 다니엘서 6장에서 또 다른 위기가 찾아옵니다. 다니엘이 목숨 걸고 기도의 습관을 지키다가 사자 굴에 던져졌습니다. 하지만 하나님은 사자들의 입을 막아 다니엘을 구하셨고, 다리오왕으로 하여금 입을 열어 하나님을 인정하고 높이게 하셨습니다.

오늘 본문인 다니엘서 9장은 6장보다 더 앞선 시기, 즉 다리오가 왕으로 즉위한 첫 해의 기록입니다. 다니엘은 급변하는 역사를 지켜보며 이스라엘 백성이 고향에 돌아갈 날이 가까웠음을 예감했습니다. 수십 년 동안 신실한 하나님의 사람인 동시에 탁월한 정치인으로 살아온 그는 보통 사람들이 볼 수 없는 것을 보고, 생각하지 못하는 것을 생각하는 사람이었습니다. 그럼에도 다니엘이 향하는 곳은 항상 말씀과 기도의 자리였습니다. 총리였던 다니엘은 자기 민족을 잘 살펴 달라고 왕에게 요청해 볼 수도 있었겠지만, 왕은 일개 인간일 뿐 참된 권능이 하나님께 있음을 알았기 때문에 오직 전능하신 하나님 한 분만 의지했습니다.

Q1 만약 다니엘이 지금 이 시대에 살고 있다면 무엇을 위해 기도했을지 생각되나요?

하나님의 뜻을 구하는 기도

다니엘의 시대는 지금 이 시대와 크게 다르지 않아 보입니다. 지금도 세상은 시시각각 변화하고 있습니다. 사람들은 서로 눈치를 살피며 성공을 위해 경쟁합니다. 새로운 기술과 유행, 이슈들이 나날이 바뀌며 등장합니다. 어제의 인기는 순식간에 사그라들 수 있기 때문에 '대세'라는 것도 잠깐의 영광에 불과합니다. 예측하기 어려운 국내외 경제 상황과 기후 위기, 전쟁의 위험도 무시할 수 없습니다.

이런 시대에서 세상의 흐름에 촉각을 곤두세우는 것은 중요한 일입니다만 흐름을 읽는 것으로 하나님의 뜻을 알 수는 없습니다. 우리는 역사의 주관자이신 하나님께 기도해야 격변의 시대에서도 흔들림 없이 살아갈 수 있습니다. 우리는 상황만 보지 말고 상황 너머에 있는 하나님의 뜻을 구해야 합니다. 내 소원을 위해 하나님을 찾는 게 아니라 먼저 하나님의 주권을 인정하고 그분의 뜻이 이루어지기를 소망하며 엎드려야 합니다. 하나님의 큰 그림을 보게 해 달라고 기도해야 합니다.

다니엘은 어릴 때부터 시간을 정해 하루 세 번 기도했습니다. 기도는 그의 삶이고 습관이었습니다. 예수님께서도 우리에게 기도하는 습관을 보여 주셨습니다.

> "예수께서 나가사 습관을 따라 감람산에 가시매 제자들도 따라갔더니"(눅 22:39)

예수님은 오병이어 기적 이후에도, 병든 자를 고치신 후에도,

십자가를 지시기 전날 밤에도, 또 제자들을 세우시기 전에도 밤새 기도하셨습니다. 십자가에서 죽는 그 순간까지, 삶의 모든 영역에서 기도를 놓지 않으셨습니다.

Q2 기도란 무엇이라고 생각하나요? 문장을 완성해 보세요.

"기도는 ＿＿＿＿＿＿＿＿＿＿＿＿＿＿이다."

가장 강력한 무기, 기도

그렇다면 어떻게 기도의 습관을 만들 수 있을까요? 먼저 기도할 시간을 정해야 합니다. 아침에 눈을 떴을 때, 학교에 도착했을 때, 잠자리에 들기 전 어느 때든 좋습니다. 짧은 기도로 시작해도 습관이 정착되면 기도 시간을 점차 늘려 볼 수 있습니다. 기도는 우리의 영적 호흡이자 하나님과의 교제입니다. 귀찮다고 숨쉬기를 잊을 수는 없습니다. 우리를 사랑하시며 우리의 기도를 들으시는 하나님, 온 우주를 다스리는 전능한 왕이신 하나님 앞에 겸손히 엎드려 나의 마음을 고백합시다. 다니엘이 결코 기도 시간을 포기하지 않았던 것처럼, 우리도 하나님과 만나는 이 시간을 포기하지 맙시다.

기도하면 세상의 변화에 흔들렸던 생각들이 고요해지고 하나님만 바라보게 됩니다. 기도하면 참 소망이 무엇인지 알게 됩니다. 기도하면 세상이 알 수 없는 진정한 평안을 소유합니다. 기도하면 하나님의 뜻을 알게 됩니다. 그러므로 기도는 우리의 가장 강력한 무기입니다. 기도하는 사람은 언제나 마지막 승리를 쟁취합니다.

Q3 하루 중 조용히 기도할 수 있는 때는 언제인가요? 구체적으로 적어 보세요.(예시: 아침에 눈을 떴을 때, 학교에 도착했을 때, 공부를 시작하기 전에 등)

간단 요약

1. 나라가 바뀌고 새로운 왕이 세워져도 다니엘은 역사의 주관자이신 하나님께 기도했습니다.
2. 매일 변화하는 이 시대에도 기도하는 사람만이 흔들리지 않습니다.
3. 기도하는 사람은 언제나 마지막 승리를 쟁취합니다.

● Daily Mission ⎯ □ ✕

> ⊙ 기도하는 사람은 승리합니다. 기도의 습관을 세워 보세요.

• 언제 기도하면 좋은가요?

매일 (　　　)시

• 기도에 집중하기 위해 내가 잠시 멈춰야 할 것은 무엇인가요?

①음식　②미디어 콘텐츠(영상물, 게임, 책 등)

③소셜 네트워크(메신저, SNS 등)　④취미 활동

⑤기타 (　　　　　　　　　)

• 어떤 방법으로 멈출 것인지 구체적으로 계획해 보세요.

• 이 시간에 무엇을 위해 기도할지 적어 보세요.

→ 222쪽 습관챌린지 #2로!

말씀으로
기도합니다

말씀 읽기

곧 그 통치 원년에 나 다니엘이
책을 통해 여호와께서 말씀으로
선지자 예레미야에게 알려 주신
그 연수를 깨달았나니 곧 예루
살렘의 황폐함이 칠십 년만에 그
치리라 하신 것이니라

다니엘 9장 2절

핵심 문장

"말씀을 묵상하고 기도하는 시간이 쌓일수록
하나님과 더 친밀해지고
하나님의 마음을 더 알게 됩니다."

냠냠 맛있게 먹어요

• 오늘 먹은 음식은 무엇인가요? 그 음식이 내 몸에 어떤 영향
  을 줄지 생각해 보세요.

  ↳

• 하나님의 말씀은 '영혼의 음식'이라고 합니다. 하나님의 말씀
  은 내 영혼에 어떤 영향을 주나요?

  ↳

말씀 속으로

하나님의 약속

현재 구약성경으로 묶인 책들 중 몇 권은 다니엘의 시대에도 있
었습니다. 다니엘이 강대국에서 포로 생활을 하며 이름이 바뀌
고 우상 숭배 문화의 한가운데를 지나는 동안 그는 성경을 늘
곁에 두며 삶의 기준과 지침으로 삼았습니다. 새 제국이 들어서
고 변화의 시국을 맞이할 때 다니엘은 이 길고 긴 포로 생활이
언제 끝날지 답을 찾기 위해 예레미야서를 읽다가 하나님의 뜻
을 발견하게 되었습니다. 이스라엘이 왜 포로 생활을 하게 되었

는지 그 원인을 알았고, 또 예레미야 선지자를 통해 예언된 칠십 년 포로기가 거의 끝나 간다는 것도 깨달았습니다.

> "이 모든 땅이 폐허가 되어 놀랄 일이 될 것이며 이 민족들은 칠십 년 동안 바벨론의 왕을 섬기리라 여호와의 말씀이니라 칠십 년이 끝나면 내가 바벨론의 왕과 그의 나라와 갈대아인의 땅을 그 죄악으로 말미암아 벌하여 영원히 폐허가 되게 하되"
> (렘 25:11-12)

말씀에 약속된 칠십 년이 끝나 간다는 것을 깨달았을 때 다니엘은 즉시 그 말씀을 붙들고 하나님께 기도했습니다. 현재 내가 할 수 있는 일 중에서 기도보다 급한 건 없다는 자세로 금식하고 베옷을 입고 재를 덮어쓰고 회개하기 시작합니다. 그러면서 다니엘은 하나님의 성품을 표현할 많고 많은 단어들 중 특별히 '언약을 지키시는 하나님'을 구하며 나아갔습니다. 하나님이 예레미야서 말씀으로 먼저 약속하신 것을 이제 지켜 달라고 간구할 것이기 때문이었습니다.

> "내 하나님 여호와께 기도하며 자복하여 이르기를 크시고 두려워할 주 하나님, 주를 사랑하고 주의 계명을 지키는 자를 위하여 언약을 지키시고 그에게 인자를 베푸시는 이시여"(단 9:4)

하나님이 지키실 '언약'은 말씀에 기록되어 있습니다. 다니엘은 말씀을 통해 하나님의 언약을 알았고, 그것을 붙들고 기도했습니다. 우리 역시 성경을 읽는 것을 넘어 하나님이 내 마음에 주신 그 말씀을 붙들고 기도해야 합니다. 지난 한 주 동안 기도의 습관을 이어 오며 막막하거나 무엇을 구해야 할지 몰랐다면 이제는 말씀을 읽고 그 말씀에 근거하여 기도하면 됩니다. 하나님이 성경을 통해 미리 약속하신 그 말씀으로 하나님께 나아가는 것입니다.

Q1 다니엘은 이스라엘 백성이 포로 생활에서 벗어나 고향으로 돌아가게 되기를 기다렸습니다. 다니엘이 그때를 알기 위해 했던 일은 무엇인가요?

내 영혼을 살게 하는 힘

만약 우리가 말씀을 멀리하면 어떤 일이 생길까요?

"우리는 이미 범죄하여 패역하며 행악하며 반역하여 주의 법도와 규례를 떠났사오며 우리가 또 주의 종 선지자들이 주의 이

름으로 우리의 왕들과 우리의 고관과 조상들과 온 국민에게 말씀한 것을 듣지 아니하였나이다"(단 9:5-6)

"온 이스라엘이 주의 율법을 범하고 치우쳐 가서 주의 목소리를 듣지 아니하였으므로 이 저주가 우리에게 내렸으되 곧 하나님의 종 모세의 율법에 기록된 맹세대로 되었사오니 이는 우리가 주께 범죄하였음이니이다"(단 9:11)

이스라엘이 심판과 재앙을 받아 황폐해진 이유는 바로 그들의 죄 때문이었습니다. 그들이 죄를 지은 이유는 하나님의 말씀을 멀리했기 때문이었습니다. 이스라엘은 주의 법도와 규례를 떠났을 뿐 아니라 하나님이 보내신 선지자들의 말도 듣지 않았습니다. 말씀을 멀리하면 죄를 가까이하게 됩니다. 죄를 가까이하면 말씀에서 더더욱 멀어져 귀를 틀어막고 하나님의 목소리를 듣지 않으려 합니다. 이스라엘이 받은 심판은 그들이 말씀을 멀리한 대가로 받은 마땅한 결과였습니다. 말씀은 영혼의 양식이기에 말씀을 멀리할 때 영혼이 죽어 가는 것은 당연합니다.

교회에서 예배를 통해 선포되는 말씀을 듣고 마음에 새기는 것도 중요합니다. 하지만 그 말씀을 품고 일상을 살아가고 있는지, 또 개인적인 말씀 묵상의 시간이 있는지 우리는 스스로 돌아보아야 합니다. 공부도 해야 하고 이것저것 신경 쓸 것도 많겠지만 말씀을 포기하면 안 됩니다. 다니엘서 9장의 다니엘은 80세의 고령이었고, 높은 직위에 있는 만큼 처리해야 할 중대 사안도 많았을 것입니다. 게다가 새 왕조가 들어서며 안팎으로 어수선하니 가만히 앉아 말씀을 읽기가 어려웠을 수도 있습니다. 하지만 다니엘은 자기 영혼의 생명을 유지하기 위해 말씀을 읽었습니다. 또 말씀을 이해하고 말씀대로 실현될 것을 믿었습니다. 그 믿음의 반응이 기도입니다. 다니엘은 하나님의 공의를 인정하고 온 마음으로 이스라엘의 죄를 회개했습니다. 그 결과로 천사 가브리엘을 통해 하나님의 응답을 듣게 됩니다.

말씀을 묵상하고 기도하는 시간이 쌓일수록 하나님과 더 친밀해지고 하나님의 마음을 더 알게 됩니다. 그래서 꾸준히 기도의 시간을 쌓은 다니엘에게 하나님은 머나먼 하늘 위에서 자신을 내려다보는 무서운 분이 아니라 지금 나와 함께하시는 분, 바로 '나의 하나님'이었습니다.

말씀에는 하나님의 역사하심, 하나님의 뜻, 하나님의 시간이 담겨 있습니다. 우리가 말씀과 기도로 살아간다면 하나님은 우리에게 지혜와 분별력을 주시고 역사를 보는 통찰력을 주실 것입니다.

Q2 내가 해야 하는 다른 일들보다 말씀 묵상이 더 중요한 이유는 무엇인가요?

간단 요약

1. 다니엘은 말씀 속에서 하나님의 언약을 깨닫고 그 말씀을 붙들며 기도했습니다.

2. 우리가 말씀을 멀리하면 영혼이 죽어 가게 됩니다.

3. 말씀을 읽고 그 말씀을 믿는 사람은 기도할 수밖에 없습니다.

⊙ 조용히 묵상해요.

나의 하나님이여 귀를 기울여 들으시며 눈을 떠서
우리의 황폐한 상황과 주의 이름으로 일컫는 성을
보옵소서 우리가 주 앞에 간구하옵는 것은 우리의
공의를 의지하여 하는 것이 아니요 주의 큰 긍휼을
의지하여 함이니이다 주여 들으소서 주여 용서하소
서 주여 귀를 기울이시고 행하소서 지체하지 마옵소
서 나의 하나님이여 주 자신을 위하여 하시옵소서
이는 주의 성과 주의 백성이 주의 이름으로 일컫는
바 됨이니이다 (단 9:18-19)

• 하나님은 어떤 분이신가요?

_____

_____

• 오늘 하나님이 나에게 주시는 말씀은 무엇인가요?

_____

_____

_____

_____

DANIEL PROJECT

→ 222쪽 습관챌린지 #2로!

성령 충만

내 안에 특별한
비밀이 있습니다

말씀 읽기

그 후에 다니엘이 내 앞에 들어왔으니 그는 내 신의 이름을 따라 벨드사살이라 이름한 자요 그의 안에는 거룩한 신들의 영이 있는 자라 내가 그에게 꿈을 말하여 이르되 박수 장 벨드사살아 네 안에는 거룩한 신들의 영이 있은즉 어떤 은밀한 것이라도 네게는 어려울 것이 없는 줄을 내가 아노니 내 꿈에 본 환상의 해석을 내게 말하라

다니엘 4장 8-9절

핵심 문장

"아무것도 갖지 못한다 해도
하나님 한 분으로 충만하면
우리는 완전해집니다."

내 마음을 나도 잘 모르겠어

• 어떻게 해야 하는지 알지만 마음이 따라 주지 않을 때가 있었
  다면 그 경험을 적어 보세요.

↳

_____

_____

_____

성령이 함께하는 사람

다니엘서 2장에서 다니엘은 하나님의 도우심으로 느부갓네살왕
의 꿈을 해석했습니다. 왕의 곁에는 왕에게 조언하는 지혜자들
이 있었지만 아무 도움도 되지 못했습니다. 느부갓네살왕은 유
일하게 자신의 꿈을 풀이해 준 다니엘을 그들의 지도자로 세웠
습니다. 그리고 얼마 뒤 왕은 또 꿈을 꿨습니다.

"나 느부갓네살이 내 집에 편히 있으며 내 궁에서 평강할 때에
한 꿈을 꾸고 그로 말미암아 두려워하였으니 곧 내 침상에서

생각하는 것과 머리 속으로 받은 환상으로 말미암아 번민하였
었노라"(단 4:4-5)

그는 당대 세계 최고의 제국을 다스리는 최상위 권력자였음
에도 꿈 하나로 두려움에 빠졌습니다. 꿈 때문에 잠도 못 자던
느부갓네살은 이번에도 모든 지혜자와 무당들까지 불러 꿈의
뜻을 물었지만 어느 누구도 그 꿈을 해석해 주지 못했습니다.
　바로 그때 다니엘이 나타났습니다. 느부갓네살왕은 그제야
안심이 되었는지 다니엘을 '거룩한 신들의 영이 있는 자'라고 부
르며 자기 꿈을 해석해 달라고 합니다. 나중에 그의 뒤를 이은
벨사살왕 역시 같은 말을 했습니다.

"왕의 나라에 거룩한 신들의 영이 있는 사람이 있으니"
(단 5:11a)

"네 안에는 신들의 영이 있으므로 네가 명철과 총명과 비상한
지혜가 있다 하도다"(단 5:14b)

'거룩한 신들의 영이 있는 자'를 지금 우리가 사용하는 말로
바꾸면 '하나님의 영이 함께하는 사람'입니다. 이는 다니엘이 어
떤 사람인지 가장 정확하게 표현한 말이었습니다.

Q1 다니엘은 다른 학자나 무속인들과 어떤 점들이 달랐나요? 일, 생활, 영적인 측면에서 생각해 보세요.

하나님의 영이 함께하는 사람

느부갓네살왕은 다니엘서 2장의 꿈풀이와 3장의 풀무불 사건을 통하여 살아 계신 하나님을 경험하고 찬양했지만 여전히 그분에 대하여 잘 알지 못했습니다. 다니엘을 가리켜 "내 신의 이름을 따라 벨드사살이라 이름한 자요."라고 말하는 것을 보면 그는 여전히 벨을 최고의 신으로 믿었던 것 같습니다. 즉, 여호와 하나님이 위대하시긴 해도 어디까지나 이스라엘의 신일 뿐 나의 신은 아니라는 것입니다.

우상 숭배자였던 느부갓네살왕도 다니엘 안에 거룩한 신의 영이 있다는 건 알고 있었습니다. 그리고 다니엘이 자기 힘으로 꿈을 해석한 게 아니라 하나님의 영으로 꿈을 해석했다는 것 또한 알고 있었습니다. 다니엘은 언제나 하늘에 계신 하나님이 이 모든 일을 행하셨다고 말하며 모든 지혜와 능력은 하나님께 있다는 것을 선포해 왔기 때문입니다.

"오직 은밀한 것을 나타내실 이는 하늘에 계신 하나님이시라 그가 느부갓네살왕에게 후일에 될 일을 알게 하셨나이다" (단 2:28a)

"은밀한 것을 나타내시는 이가 장래 일을 왕에게 알게 하셨사오며"(단 2:29b)

"내게 이 은밀한 것을 나타내심은 내 지혜가 모든 사람보다 낫기 때문이 아니라"(단 2:30a)

하나님의 영이 함께하는 사람은 하나님보다 절대로 앞서가지 않습니다. 따라서 현재 내가 하나님의 영으로 살아가는 사람인지 아닌지 판단하려면 하나님의 전적인 도우심을 인정하고 내가 받을 칭찬을 하나님께 전부 돌려 드리고 있는지 스스로 돌아보아야 합니다.

성령께서 지금 내 안에 계신 것을 믿나요? 그렇다면 내 주변 사람들이 먼저 그 사실을 알고 있을 것입니다. 다니엘을 보며 느부갓네살왕이 '거룩한 신들의 영이 있는 자'라고 확신하며 말했던 것처럼 말입니다. 또한 내 안에 성령이 충만하게 거하신다면 내 삶의 열매를 통해 그 사실이 드러날 것입니다.

하나님의 영으로 살아가기

느부갓네살왕은 '은밀한 것'을 알고자 했습니다. 이는 사람의 능력으로는 풀 수 없는 문제로 세상에 속한 어떤 권력자나 부자, 지혜자도 해결해 줄 수 없었습니다. 그래서 그는 다니엘에게 자신이 꾼 꿈을 해석해 달라고 간청하고 있는 것입니다. 하나님의 영으로 충만한 사람만이 알 수 있는 문제이기 때문입니다.

세상의 지혜로는 생명과 평안에 관한 하나님의 뜻을 결코 알수 없습니다. 하나님의 영이 충만하다는 것은 내 생각과 의지, 주관이 완전히 없어지고 그 자리를 모두 하나님이 채우신다는 뜻입니다. 선택의 주체가 나에서 하나님으로 바뀌는 것입니다. 인생길을 가는 운전대를 내가 아닌 성령께서 잡아 주시는 것입니다.

세상의 모든 것을 가져도 하나님이 없다면 참된 평안도 행복도 없습니다. 반면 아무것도 갖지 못한다 해도 하나님 한 분으로 충만하면 우리는 완전해집니다. 따라서 우리는 성령 충만을 위해 기도해야 합니다. 모든 의지를 다해 성령님을 구해야 합니다. 다니엘이 그랬던 것처럼 기도와 말씀으로 삶을 채울 때 우리는 성령의 인도하심을 받게 될 것입니다. 하나님을 알아 가고 그분과 친밀해질수록 헛된 욕망은 사라지고 진정으로 중요한 게 무엇인지 깨달을 수 있기 때문입니다. 그렇게 겸손하게 비워진 그 마음은 성령께서 가득 채우실 것입니다.

Q3 성령으로 충만할 때 어떤 유익이 있나요?

간단 요약

1. 느부갓네살왕이 꿈 때문에 두려움에 빠졌을 때 '거룩한 신들의 영'이 있는 다니엘을 불러 꿈의 의미를 물었습니다.
2. 다니엘은 하나님만이 비밀을 알려 주신다고 말하며 자신이 받을 영광을 하나님께 돌렸습니다.
3. 세상 모든 것을 가져도 하나님이 없다면 참된 행복도 없지만, 아무것도 갖지 못한다 해도 하나님으로 충만하면 완전해집니다.

⊙ 하나님 말씀을 묵상해요

육신을 따르는 자는 육신의 일을, 영을 따르는 자는 영의 일을 생각하나니 육신의 생각은 사망이요 영의 생각은 생명과 평안이니라 육신의 생각은 하나님과 원수가 되나니 이는 하나님의 법에 굴복하지 아니할 뿐 아니라 할 수도 없음이라(롬 8:5-7)

• 요즘 내가 자주 하는 생각들을 구분지어 봅시다. 무엇

이 육신의 생각이고 무엇이 영의 생각일까요?

　→ 육신의 생각:

　→ 영의 생각:

→ 222쪽 습관챌린지 #2로!

때로는
잠잠해야 합니다

말씀 읽기

이에 총리들과 고관들이 국사에 대
하여 다니엘을 고발할 근거를 찾고
자 하였으나 아무 근거, 아무 허물도
찾지 못하였으니 이는 그가 충성되어
아무 그릇됨도 없고 아무 허물도 없
음이었더라

다니엘 6장 4절

핵심 문장

"말하기를 멈춰야 비로소 들을 수 있고,
들어야 순종할 수 있습니다."

밸런스 게임

• 각 상황에서 어떤 행동을 하는 친구에게 더 마음이 가는지 동 그라미로 표시해 보세요.

실수를 했을 때	억울하다며 변명하는 친구		묵묵히 잘못을 인정하고 책임지는 친구	
친한 친구에게	사랑이 담긴 말을 하는 친구		사랑이 담긴 행동을 하는 친구	
나에게 슬픈 일이 있을 때	자기 이야기를 들려주는 친구		내 이야기를 들어 주는 친구	

음모에 빠진 다니엘

항상 기도하고 말씀을 가까이 하는 성령 충만한 사람에게도 위기는 찾아옵니다. 그러나 그 위기는 믿음의 시험일지도 모릅니다. 때로는 아무 잘못이 없음에도 괴로운 일이 찾아올 수 있습니다. 그럴 때 우리는 부당함과 억울함을 느낍니다. 하나님의 말씀

대로 사는 선한 사람들은 복을 받아야 하고 하나님을 거부하는 사람들은 벌을 받는 것이 합당할 것이라고 생각하기 때문입니다.

하지만 성경에는 믿음의 사람들이 고난받는 사건이 자주 등장합니다. 요셉은 형들에 의해 애굽에 종으로 팔려 갔고, 욥은 잘못이 없음에도 가족과 재산을 모두 잃고 몹쓸 병까지 얻었습니다. 아브라함은 사랑하는 아들을 제단에 올려 하나님께 바치라는 명령을 들었습니다. 어째서 이런 일이 생기는 걸까요?

> "다니엘은 마음이 민첩하여 총리들과 고관들 위에 뛰어나므로 왕이 그를 세워 전국을 다스리게 하고자 한지라"(단 6:3)

다리오왕은 장관급 지도자인 고관 120명을 세워 나라 전체를 분할하여 관리하게 하였습니다. 그 위에 총리 세 명이 고관들의 직무를 감독하고 공물이 무사히 왕의 곳간에 도착하도록 관리하였습니다. 그런 세 총리 중 한 사람이 바로 다니엘이었습니다. 그는 모든 면에서 다른 총리나 고관들보다 뛰어났습니다. 다리오왕은 그런 다니엘을 크게 신임하여 나랏일 전체를 그에게 맡기려고 했습니다.

그러자 총리와 고관들이 다니엘을 시기하여 그를 고발할 만한 허물이 있는지 샅샅이 살펴보았지만 다니엘에게는 흠잡을 데가 하나도 없었습니다. 그들은 없는 죄를 만들어서라도 다니엘을 숙청하고 싶었습니다. 단순히 자기들과 다른 민족 출신이라고 우습게 본 정도가 아니라 확실하게 내치고 싶었던 것입니다. 어쩌면 정직하고 청렴한 다니엘이 나랏일을 관리하다가 자기들의 부정부패를 드러낼까 봐 두려웠는지도 모릅니다.

그들은 앞으로 한 달 동안 왕 외에 어떤 신에게나 사람에게 무엇이라도 구하면 사자 굴에 던져 넣자는 조서를 꾸몄습니다. 하나님을 믿는 다니엘이 예루살렘을 향하여 매일 세 번씩 기도하고 있다는 사실을 알고 있었기 때문입니다. 다리오왕은 이것이 다니엘을 겨냥한 음모라는 것을 모른 채 그 조서에 자신의 어인을 찍고 말았습니다.

Q1 이해할 수 없는 어려움 때문에 하나님을 원망하고 싶을 때 어떻게 해야 하나님의 다스리심을 인정할 수 있나요?

고난의 이유를 알 수 없어도

다니엘은 누구보다 현명하고 통찰력이 있었기에 이 명령이 어떤 의도로 만들어진 것인지 간파하고 있었을 것입니다. 그리고 다니엘은 지혜로우니 충분히 왕을 설득할 수도 있었을 것입니다. 그러나 다니엘은 어떤 변론도, 원망도 하지 않았습니다. 흥분하거나 좌절하거나 몸을 사리지도 않았습니다. 자기를 음해하려 하는 자들을 찾아가 따지거나 타협하지도 않았습니다. 자신의 억울함을 그 누구에게도 하소연하지 않았습니다.

그렇게 그는 아무 말도 하지 않고 하던 일을 계속했습니다. 늘 하던 대로 성실하게 일하고, 늘 하던 대로 집에 돌아와 창문을 열고 무릎 꿇어 하나님께 기도했습니다. 하나님을 원망할 수도 있는 상황이었지만 도리어 하나님께 감사기도를 드렸습니다. 사방에서 자신을 옥죄어 오는 순간에도 다니엘은 잠잠히 하나님만 바라보았습니다. 자신이 다 알 수 없는 하나님의 크신 뜻이 있음을 믿었기 때문입니다.

우리는 다니엘의 모습을 보며 이해할 수 없고 까닭 모를 고난을 만났을 때 우리가 어떻게 해야 하는지 알 수 있습니다. 우리는 하나님의 뜻을 감히 다 알 수 없는 연약한 피조물이라는 사실과 완전하신 창조주의 주권을 인정해야 합니다. 우리는 하나님께 모든 것을 맡긴 채 신실하고 실수가 없으신 그분을 찬양해야 합니다. 성경 속 하나님의 사람들 역시 이 같은 과정을 거쳐 믿음의 시험을 통과했습니다.

침묵은 순종의 첫걸음이 되기도 합니다. 여호수아와 이스라엘 백성이 여리고성을 점령할 때 하나님의 명령은 침묵이었습니다. 아무 말도 하지 않고 그저 여리고성을 돌기만 하라는 것이 인간의 생각으로는 이해하기 힘든 전략이었을 것입니다. 그러나 여호수아와 백성들은 조용히 순종했습니다.

말하기를 멈춰야 비로소 들을 수 있습니다. 들어야 순종할 수 있습니다. 헤아릴 수 없는 창조주의 섭리 안에서 우리는 오직 침묵하며 주의 말씀을 들어야 합니다. 하나님이 우리의 주인되심을 인정하고 순종해야 합니다. 그럴 때에 하나님은 사자의 입을 봉하시고, 애굽의 노예를 총리로 세우시며, 죄 없이 고난당한 자에게 하늘의 비밀을 보이시며 손해를 보상하시고, 제단에 올린 아들의 생명을 지켜 주십니다. 우리는 내 삶의 여리고성이 무너지는 것을 보게 될 것이며 놀라우신 하나님을 찬양할 것입니다.

Q2 믿음의 사람이라면 억울하고 답답한 일이 있을 때 어떻게 대처해야 할지 적어 보세요.

1. 다니엘을 시기한 신하들은 다니엘을 겨냥한 악법을 만들어 왕의 허락을 받았습니다.

2. 다니엘은 어떤 설득이나 변명도 하지 않고 늘 하던 대로 하나님께 기도를 드렸습니다.

3. 까닭 모를 고난을 만났을 때 우리는 잠잠히 하나님의 주권을 인정해야 합니다.

4. 침묵은 순종의 첫걸음이 됩니다.

● Daily Mission _ □ ✕

> ⊙ 건강한 자존감이란?

- 요즘 자존감(자신을 소중히 여기며 품위를 지키려는 감정) 이 인생의 중요한 부분으로 평가되고 있어요. 내가 생각하는 건강한 자존감은 어떤 모습인가요?

- 건강한 자존감이 그리스도인으로서 바람직한 믿음 의 모습이라고 할 수 있나요?

DANIEL PROJECT

→ 222쪽 습관챌린지 #2로!

하나님만 바라봅니다

말씀 읽기

내가 또 밤 환상 중에 보니 인자 같은 이가
하늘 구름을 타고 와서 옛적부터 항상 계신
이에게 나아가 그 앞으로 인도되매 그에게
권세와 영광과 나라를 주고 모든 백성과 나
라들과 다른 언어를 말하는 모든 자들이 그
를 섬기게 하였으니 그의 권세는 소멸되지
아니하는 영원한 권세요 그의 나라는 멸망
하지 아니할 것이니라

다니엘 7장 13-14절

핵심 문장

"당장 나아지는 게 없어 보여도
하나님께 시선을 두는 사람은
낙심하지 않습니다."

무엇을 보고 있나요?

• 요즘 가장 눈에 띄는 영향력 있는 사람은 누구인가요?

   ↳

• 세계에서 가장 강한 나라는 어디라고 생각하나요? 그 이유는 무엇인가요?

   ↳

말씀 속으로

역사를 다스리시는 하나님

다니엘서 2장과 7장은 비슷한 구조를 가지고 있습니다. 2장은 느부갓네살왕이 꾼 꿈이고 7장은 다니엘이 꿈에서 본 환상으로, 둘 다 이스라엘을 둘러싼 강대국들의 역사를 미리 보여 줍니다. 다니엘서는 강력한 지도자와 강대국이 역사를 주도하는 것이 아니라 하나님만이 역사의 주관자이심을 우리에게 깨닫게 합니다.

7장에서 다니엘은 환상을 통해 뿔이 달린 네 짐승을 보는데 이는 차례대로 바벨론, 메대-바사, 헬라, 그리고 로마를 상징합니다. 하나님은 다니엘에게 이 제국들의 흥망성쇠를 환상으로 미리 보이신 것입니다. 이를 통해 인류의 역사를 다스리시는 이는 오직 하나님이며, 아무리 강력하고 대단한 제국이라 해도 결국 모두 하나님의 지배 아래에 있다는 사실을 계시하신 것입니다. 실제로 역사를 살펴보면 다니엘서에 예언된 대로 실현된 것을 알 수 있습니다.

역사를 다스리시는 하나님이 다니엘에게 '인자 같은 이'를 보이십니다. 그는 성부 하나님께로부터 권세와 영광을 받아 영원한 나라를 세울 거라 하십니다. 그분이 바로 우리 예수님입니다. 신약성경을 보면 '인자'는 예수님이 자신을 칭할 때 즐겨 사용하신 단어입니다. 다니엘은 우리의 구원자이신 '인자' 예수님을 보았습니다.

아무리 대단한 국가, 엄청난 권세가 있다 해도 결국은 멸망하지만 하나님이 예수님을 통해 세우실 나라는 영원한 권세가 있을 것입니다.

> "나라와 권세와 온 천하 나라들의 위세가 지극히 높으신 이의 거룩한 백성에게 붙인 바 되리니 그의 나라는 영원한 나라이라 모든 권세 있는 자들이 다 그를 섬기며 복종하리라"(단 7:27)

바벨론에 포로로 잡혀 온 다니엘은 오랜 세월 그 땅에서 살아가면서 이스라엘이 회복되기를 소망하며 기다렸습니다. 꼿꼿하게 굴지 말고 적당히 타협하라는 유혹을 수없이 거절하던 다니엘은 어떤 마음이었을까요. 물속에 들어가면 옷이 젖기 마련인데, 불의하고 더러운 문화 속에 들어가 하나님 앞에 순결한 믿음을 지키기란 얼마나 힘들었을까요. 모두가 죄를 향해 흘러가고 있는데 혼자서 그것을 거스르며 반대편으로 나아가는 일은 얼마나 고독했을까요.

그럴 때마다 다니엘은 하나님을 바라보았습니다. 언제 이루어질지 모르는 하나님의 약속을 기다리며 그 간절함을 기도로 표현했습니다. 다니엘의 기도를 들으신 하나님은 그의 현실의 문제를 해결하실 뿐 아니라 현실 너머를 볼 수 있는 영의 눈을 열어 주셨습니다. 그리고 이 땅에서 일어나는 모든 일들이 하나님의 섭리 안에서 이루어지고 있음을 환상으로 보이셨습니다. 인자이신 예수님이 하나님께 권세를 받아 영원한 나라를 세우실 것도 알려 주셨습니다. 다니엘이 오직 하나님께 시선을 두고 기도할 때 하나님은 예수님의 최후 승리를 알게 하셨습니다.

이를 통해 다니엘은 날마다 기도로 하나님을 향한 믿음의 고백을 드렸습니다. 당장 눈앞의 고난보다 앞으로 행하실 하나님 나라의 계획하심을 기대하며 모든 상황이 하나님 앞에 놓여 있음을 굳게 믿고 하나님만 의지했습니다.

Q1 세계 곳곳의 뉴스가 우리의 시야를 어지럽힐 때 어떤 생각으로 마음을 다잡아야 하나요?

하나님을 바라보라

다니엘은 이 세상이 영원하지 않으며 결국 하나님께 심판받을 것임을 알았습니다. 또한 메시아의 왕국, 그리스도의 몸된 교회가 마침내 최종 승리를 거두는 영광스런 장면을 보았습니다. 그렇기 때문에 다니엘은 하나님의 사람이라는 정체성을 끝까지 지킬 수 있었습니다. 다니엘이 사자 굴에 들어갈 때 어떤 변론도 하지 않고 담대할 수 있었던 까닭 역시 이전에 벨사살왕 때 환상을 통해 미래를 보고 세상의 모든 권세가 끝날 것을 미리 알았기 때문일 것입니다.

이렇듯 우리도 다니엘처럼 인생이 괴롭고 어려울수록 우리의 시선을 하나님께 두어야 합니다. 현재의 상황에 갇혀 있지 말고 영원하신 하나님, 그분이 세우실 영원한 권세와 최후 승리를 볼 수 있어야 합니다. 출중한 몇 사람이 세상을 주름 잡는 것처럼 보이지만 그 위에 하나님이 계십니다. 몇몇 국가들이 자기 힘을 믿고 세계정세를 쥐락펴락하는 것처럼 보이지만 모두가 하나님의 손안에 있습니다. 내 삶의 문제들은 물론, 장차 지구상에 일어날 모든 일이 하나님께 달렸습니다. 그러므로 이제는 나를 괴롭게 하는 문제에 집중하지 않아도 됩니다. 앞날을 몰라 두렵고 불안해 할 필요가 없습니다. 하나님을 믿고 따르는 자들은 하나님과 함께 승리할 것이기 때문입니다.

하나님을 바라보면 눈앞의 문제들이 보이지 않게 됩니다. 현실은 여전히 힘들어도 마음의 초점이 바뀌면 세상을 보는 시선이 달라집니다. 내가 원하는 대로 일이 해결되지 않았다 해도 모든 역사를 다스리시는 하나님을 신뢰하면 위로와 힘을 얻을 수 있습니다. 당장 나아지는 게 없어 보여도 하나님께 시선을 두는 사람은 낙심하지 않습니다. 이제는 눈앞의 현실과 문제에 사로잡힌 눈을 들어 하나님을 바라봅시다.

Q2 오늘 말씀에 의하면, 결코 멸망하지 않는 강력한 나라는 어디인가요?

1. 모든 역사를 다스리시는 분은 하나님입니다.

2. 예수 그리스도의 나라는 영원할 것입니다.

3. 하나님께 시선을 두면 하나님과 함께 승리할 것입니다.

● Daily Mission _ □ ✕

> ⊙ 하나님의 관점으로 생각하기
>
> 내가 해야 할 일을 먼저 적어 봅시다. 그다음 그 일이
> 나의 관점과 하나님의 관점에서 어떤 의미가 있는지
> 생각해 봅시다.

해야 할 일	나의 관점	하나님의 관점
열심히 공부하기	좋은 대학교에 가기 위해	하나님이 주신 소명을 위해

DANIEL PROJECT

→ 222쪽 습관챌린지 #2로!

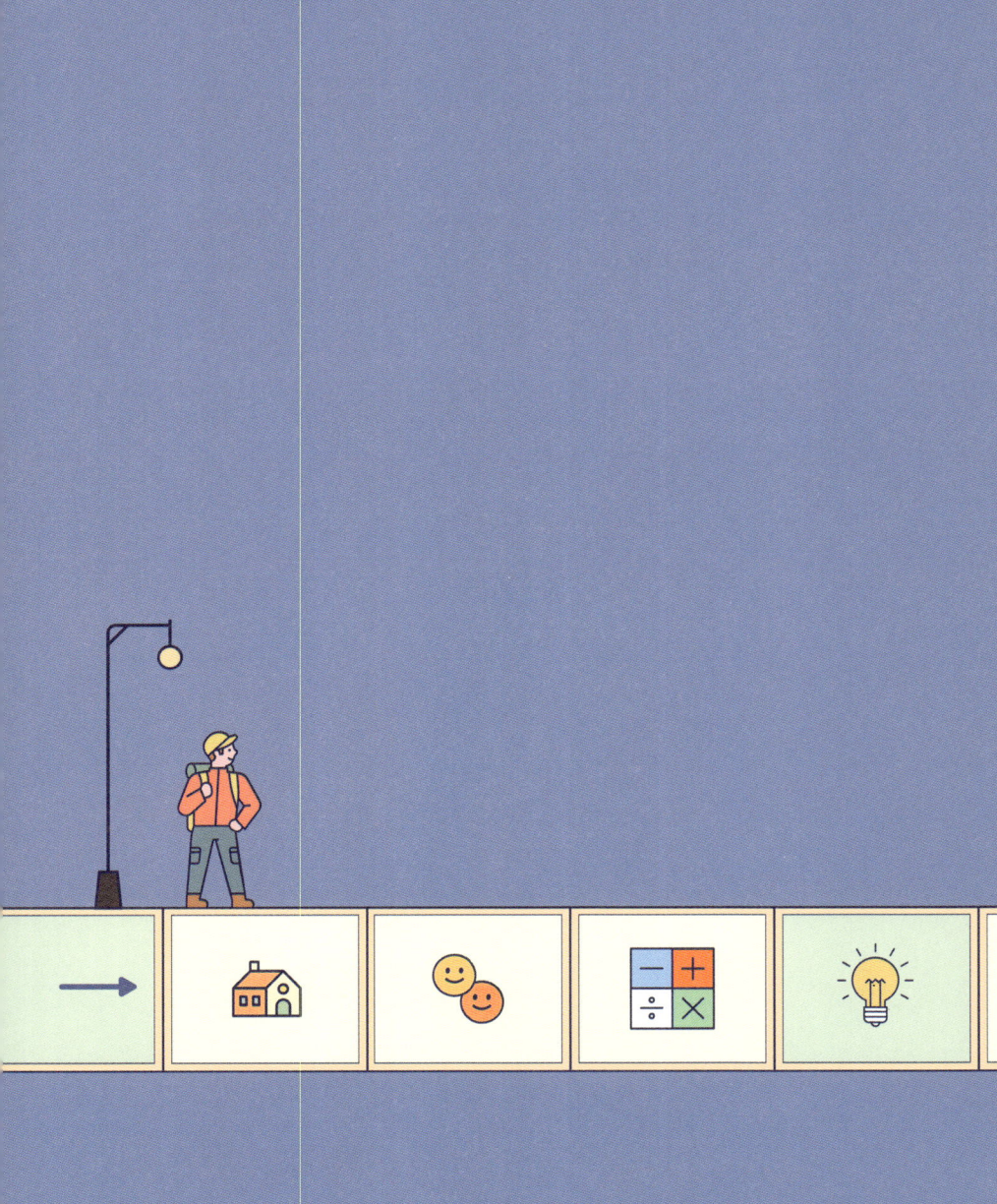

소망

끝을 아는
지혜가 필요합니다

말씀 읽기

너는 가서 마지막을 기다리라

이는 네가 평안히 쉬다가 끝날

에는 네 몫을 누릴 것임이라

다니엘 12장 13절

핵심 문장

"성도는 영원하신 하나님을 믿으며
최후 승리를 준비합니다."

모든 일에는 끝이 있다

• 무슨 일이든 끝이 있어야 다음 단계로 갈 수 있어요. 지금 내가 하고 있는 일 다음에 어떤 일이 기다리고 있을 것 같나요?

↳

• '인생의 끝', '세상의 끝' 같은 말을 들으면 어떤 생각이 떠오르나요?

↳

최후 승리의 날

다니엘서의 마지막 장인 12장에서 하나님은 다니엘에게 세상의 종말에 대한 환상을 보여 주셨습니다. 그것은 가깝게는 바사 제국의 멸망을, 멀게는 인간 역사의 끝을 의미했습니다.

강대국이었던 바벨론을 물리치고 들어선 바사 제국이 당시 사람들 눈에는 얼마나 거대하고 위대해 보였을까요. 하지만 성경은 아무리 강한 제국이라 해도 하나님이 심판하시면 역사의 뒤편으로 물러나게 된다는 것을 우리에게 알려 줍니다.

오늘날 우리가 사는 이 거대한 세계도 언젠가 끝을 맞이할 것입니다. 하나님의 백성에게 '끝'이란 곧 최후 승리의 날입니다. 이 땅의 역사가 끝나면 하나님 나라가 도래할 것인데 우리의 시선을 영원하신 하나님께 두고, 하나님의 관점으로 생각하고 살아간다면 우리는 그날을 소망하며 기다릴 수 있을 것입니다.

다니엘은 묵시를 통해 종말의 때에 성도들이 당할 환난을 알게 됩니다. 환상 속에서 강가에 선 두 사람을 보는데, 그 중 한 사람이 '이 놀라운 일의 끝이 어느 때까지인지'를 묻습니다. 그러자 세마포 옷을 입은 다른 한 사람, 예수님이 대답하십니다.

"내가 들은즉 그 세마포 옷을 입고 강물 위쪽에 있는 자가 자기의 좌우 손을 들어 하늘을 향하여 영원히 살아 계시는 이를 가리켜 맹세하여 이르되 반드시 한 때 두 때 반 때를 지나서 성도의 권세가 다 깨지기까지이니 그렇게 되면 이 모든 일이 다 끝나리라 하더라"(단 12:7)

'성도의 권세가 깨지기까지'라는 말은 그만큼 악이 득세하여 성도가 큰 환난을 겪는다는 것인데 얼핏 보면 악이 승리하는 것처럼 보이지만 여기에도 끝이 있습니다. 결국 악은 완전히 패배하고 눈물 흘리며 슬퍼하던 성도들은 영원한 승리와 기쁨을 경험할 것입니다.

모든 일에는 끝이 있습니다. 세상의 부조리에도 끝이 있습니다. 나쁜 짓을 하고도 잘 살아가는 사람들을 보며 현재 나의 어려운 상황과 비교하며 살았다면 이제는 그 끝을 생각합시다. 끝을 아는 자의 삶에는 소망과 평안이 있습니다.

Q1 많은 사람은 죽음을 끝으로 여기고 두려워합니다. 두려움이 소망이 되려면 어떤 믿음을 가져야 하나요?

두 종류의 사람

그렇다면 역사의 끝을 알고 종말을 준비하려면 무엇을 해야 할까요?

다니엘은 하나님의 계시를 보고 들었지만 그 의미를 깨닫지 못했습니다. 그래서 그 일이 어떻게 될지 세마포 옷을 입은 분께 물었지만 그분은 마지막 때까지 이 말을 간수하고 봉하라고 하십니다. 다니엘도 다 이해하지 못한 하나님의 말씀이 감추어졌습니다. 그리고 그분은 마지막 때에 나타날 두 종류의 사람을 알려 주십니다.

> "많은 사람이 연단을 받아 스스로 정결하게 하며 희게 할 것이
> 나 악한 사람은 악을 행하리니 악한 자는 아무것도 깨닫지 못
> 하되 오직 지혜 있는 자는 깨달으리라"(단 12:10)

어려움을 당하면서 이것이 하나님의 심판이자 징계임을 깨닫
고 스스로를 깨끗하게 하는 사람은 고난을 당할수록 자신을 돌
아보며 마음을 새롭게 하고 자기 인생을 거룩한 삶, 의로운 삶
으로 가꾸어 가는 사람입니다.

반대로 악한 사람은 환난 중에도 아무것도 깨닫지 못하고 늘
하던 대로 악을 행합니다. 사는 게 힘들다는 이유로 여기저기 분
풀이를 하고 자기 멋대로 살면서 하나님이 어디 계시냐며 비웃
습니다. 그 사람은 하나님의 존재도 심판도 알지 못하기 때문에
최후의 날에 영원한 부끄러움을 당할 것입니다.

Q2 내가 지금 가장 힘들어하는 것은 무엇인가요? 그것을 하나님이
주신 성장의 기회로 받아들이려면 어떻게 기도해야 하나요?

끝을 아는 지혜

어려움과 고통이 왜 찾아왔는지 아는 것과 모르는 것이 이렇게 큰 차이로 이어집니다. 따라서 우리가 끝을 알고 그날을 준비하기 위해서는 오늘을 경건하게 살아가야 합니다. 세마포 옷을 입은 예수님은 "다니엘아 갈지어다"(단 12:9a)라고 말씀하셨습니다. 이는 어딘가로 이동하라는 말이 아니라 가서 네 할 일을 다 하라는 뜻에 가깝습니다. 종말을 준비하는 일은 매일 자신을 깨끗하게 하면서 하나님이 주신 사명을 감당하는 것입니다. 고난과 고통의 시간을 더 단단하고 깨끗해질 기회로 받아들이고 내 삶이 하나님이 원하시는 모습이 되도록 정결하게 하는 것입니다. 내 안에 남아 있는 불신과 의심, 내 욕심대로 살고 싶은 욕망, 교만과 음란을 하나님 앞에 내려놓고 날마다 새롭고 온전한 마음가짐으로 살아가는 것입니다.

말씀으로 예고하신 그 미래를 살아가는 우리는, 마지막 때를 소망하며 기다리고 있나요? 우리는 기도할 때 자주 지혜를 구합니다. 지혜는 단지 아는 것이 많아지고 똑똑해지는 것이 아닙니다. 지혜로운 사람은 모든 일에 끝이 있다는 것을 압니다. 성도는 영원하신 하나님을 믿으며 최후 승리를 준비합니다. 우리도 그날에 하나님이 우리를 빛나게 하실 것을 소망하며 오늘 하루의 경건을 포기하지 않는 지혜 있는 자가 됩시다.

"지혜 있는 자는 궁창의 빛과 같이 빛날 것이요"(단 12:3a)

Q3 하나님이 나에게 "가서 네가 해야 할 일을 하라."고 하신다면 가장 먼저 생각날 일은 무엇인가요? '내가 해야 할 일'이 무엇인지 생각해 봅시다.

간단 요약

1. 강력한 제국도, 인간의 역사도 언젠가 끝을 맞이할 것입니다.
2. 마지막 때에는 스스로 깨끗하게 하는 사람과 악을 행하는 사람이 나타날 것입니다.
3. 지혜로운 사람은 끝을 알기에 그 끝을 소망하며 승리할 수 있습니다.

⌄ 어떤 변화가 필요한가요?

끝을 준비하는 사람은 매일 경건하게 살며 사명을 감당합니다. 이를 위해 내 삶에는 어떤 변화가 필요한지 적어 봅시다.

• 경건한 생활을 위해 할 일:

_____

_____

• 하나님이 주신 사명을 위해 할 일:

_____

_____

_____

DANIEL PROJECT

→ 222쪽 습관챌린지 #2로!

14

평안

하나님 안에서 편히 쉽니다

말씀 읽기

그런즉 왕이여 내가 아뢰는 것을
받으시고 공의를 행함으로 죄를
사하고 가난한 자를 긍휼히 여
김으로 죄악을 사하소서 그리하
시면 왕의 평안함이 혹시 장구하
리이다 하니라

다니엘 4장 27절

핵심 문장

"하나님이 주시는 평안은
모든 상황과 한계를 뛰어넘어
우리를 다스립니다."

솔직히 난 이게 걱정돼

• 요즘 나의 고민은 무엇인가요?

   ↳

• 그 고민은 어떤 불안에서 시작되나요?

   ↳

가짜 평안과 진짜 평안

오늘 본문은 바벨론의 왕 느부갓네살의 이야기입니다. 모든 전쟁을 마치고 나라 안팎이 안정을 누리고 있을 때였습니다. 그는 연이은 승리의 기쁨에 취해 있었고 누구도 그의 평안을 빼앗을 수 없을 것 같았습니다. 권력과 부와 명예를 모두 다 가진 그는 세상 그 무엇도 무섭거나 두렵지 않았습니다. 그의 뜻대로 안 되는 것이 없는 그의 세상이었습니다.

"나 느부갓네살이 내 집에 편히 있으며 내 궁에서 평강할 때에 한 꿈을 꾸고 그로 말미암아 두려워하였으니 곧 내 침상에서

생각하는 것과 머리 속으로 받은 환상으로 말미암아 번민하였 었노라"(단 4:4-5)

그러던 어느 날 느부갓네살은 잠을 자다가 이상한 꿈을 꾸었 습니다. 그리고 그 꿈 하나 때문에 엄청난 두려움에 사로잡혔습 니다. 강한 권력도 두려움 앞에서는 아무 소용이 없었습니다. 그 는 어떻게 대처해야 할지 몰랐습니다. 온 세상이 자신 앞에서 굴복했고 누구도 대적할 자가 없는 상황이었음에도 그는 두려 워하고 번민하였습니다. 모든 것을 가진 느부갓네살왕의 평안은 고작 꿈 하나에 사라져 버릴 만큼 얄팍했던 것입니다.

느부갓네살왕은 모든 지혜자를 불러 꿈의 뜻을 물었지만 아 무도 대답하지 못했습니다. 그때 지난 10장에서 살펴본 '거룩한 신들의 영이 있는' 다니엘이 나타납니다. 느부갓네살왕에게 꿈 내용을 들은 다니엘은 깜짝 놀랐습니다. 그 꿈은 느부갓네살왕 이 왕좌에서 쫓겨날 고난을 의미했기 때문입니다. 다니엘은 장 차 느부갓네살왕이 어떤 일을 당할지 알려 주면서 이 모든 일을 하나님이 다스리고 계심을 밝힙니다.

"하나님이 다스리시는 줄을 왕이 깨달은 후에야 왕의 나라가 견고하리이다"(단 4:26b)

참된 평안은 하나님의 다스리심을 깨달을 때에 얻을 수 있습니다. 하나님만이 내 안에 평안을 회복하실 수 있습니다.

Q1 모든 것을 다 가진 왕도 꿈 하나로 두려움에 사로잡혔습니다. 그 이유는 무엇이었나요?

평안하게 살려면

다니엘은 왕의 꿈을 정확하게 해석해 알려 준 뒤 그에게 진심 어린 조언을 합니다. 그것이 오늘의 본문 말씀입니다. 먼저 '내가 아뢰는 것', 즉 하나님이 왕에게 하시는 말씀을 받으라고 합니다. 여기에 평안의 첫 번째 열쇠가 있습니다.

> "오직 내 말을 듣는 자는 평안히 살며 재앙의 두려움이 없이 안전하리라"(잠 1:33)

참된 평안을 원한다면 하나님의 말씀을 통해 그분의 음성을 들어야 합니다. 세상의 잡다한 소리보다 하나님의 말씀에 귀를 기울일 때, 참된 평안 안에 거할 수 있습니다.

다니엘은 왕에게 공의를 행함으로 죄를 사하라고 말했습니다. 즉, 죄악을 끊어 버리고 옳은 일을 하라는 것입니다. 또 가난한 자를 긍휼히 여기라는 말은 백성을 억누르며 괴롭히지 말라는 뜻입니다. 그렇게 하면 하나님의 심판이 임하지 않고 왕좌를 지키며 오랫동안 편안하게 지낼 수 있게 될 것이라고 조언했습니다.

우리에게서 평안을 빼앗는 주범은 바로 죄입니다. 죄 가운데 살면 평안함이 없습니다. 죄는 우리에게 주어진 좋은 복을 가로막고 평안을 빼앗아 갑니다. 죄를 끊어 내야 평안을 누릴 수 있습니다. 죄를 끊어 내는 방법은 하나님의 공의를 행하고 가난한 자를 긍휼히 여기는 것입니다. 열악한 환경 아래 평안을 잃어버린 모든 사회적 약자를 평안하게 할 때 우리 역시 평안을 누릴 수 있습니다.

느부갓네살왕에게 이런 심판이 준비되었던 이유는 그가 하나님의 말씀을 외면하고 자기가 저지르던 악을 지속하며 연약한 자, 가난한 자들을 멸시했기 때문이었습니다. 약자일수록 주변 환경에 영향을 받고 백성은 왕의 통치 방식이나 정책 하나에도 삶이 요동칠 수 있기 때문에 왕이 긍휼한 마음으로 공의를 행할 때 온 백성이 평안을 누릴 수 있었습니다.

하나님은 우리가 평안한 것에 더하여 주위의 평안을 잃은 자들을 돌보기를 원하십니다.

다니엘서를 보면 다니엘은 쉽게 흥분하지 않고 어떤 위험에도 침착한 모습을 보입니다. 그가 기도할 때 하나님이 왕들의 권세가 영원하지 않으며 이 대단한 나라들이 모두 멸망할 것임을 미리 알게 하셨기 때문일 것입니다. 기도하는 자는 끝을 알게 되고, 최후 승리를 아는 자는 참된 평안을 누릴 수 있습니다.

하나님이 주시는 평안은 모든 상황과 한계를 뛰어넘어 우리를 다스립니다. 하나님의 주되심을 인정하면 실패와 환난 속에서도 의연하여 흔들리지 않을 것입니다. 실수가 없으신 완전하신 하나님을 신뢰하며 항상 평안 속에 거하시기 바랍니다.

Q2 요즘 느끼는 가장 큰 불안 요소를 적어 보세요. 우리가 평안을 되찾기 위해 가장 먼저 해야 할 일은 무엇인가요?

1. 모든 것을 가져도 참된 평안이 없다면 두려움에 사로잡힐 수 있습니다.
2. 평안을 얻으려면 하나님의 말씀에 귀를 기울여야 합니다.
3. 우리의 평안을 빼앗는 주범은 바로 죄입니다.
4. 하나님은 우리가 평안을 잃은 사람들을 돌보기 원하십니다.

● Daily Mission ___ □ ✕

> ⌄ 평안을 잃어버린 사람들을 생각해 보세요.

- 내 주변과 우리 사회에 평안을 잃은 약자들은 누구

인가요?

- 어떻게 하면 그들에게 하나님의 평안을 전할 수 있

나요?

DANIEL PROJECT

→ 222쪽 습관 챌린지 #2로!

은혜로
내 삶을 해석합니다

말씀 읽기

나의 조상들의 하나님이여 주께서 이제 내게 지혜와 능력을 주시고 우리가 주께 구한 것을 내게 알게 하셨사오니 내가 주께 감사하고 주를 찬양하나이다 곧 주께서 왕의 그 일을 내게 보이셨나이다 하니라

다니엘 2장 23절

핵심 문장

"하나님이 누구신지 알고
신뢰하는 사람만이 감사할 수 있습니다."

일상 속 감사 찾기

• 최근 일주일 동안 감사했던 부분을 세 가지 이상 찾아보세요.

  ↳

• 감사했던 부분을 찾기 쉬웠나요, 아님 어려웠나요? 그 이유는 무엇이라고 생각하나요?

  ↳

말씀 속으로

감사의 성립 조건

"항상 기뻐하라 쉬지 말고 기도하라 범사에 감사하라 이것이 그리스도 예수 안에서 너희를 향하신 하나님의 뜻이니라"

(살전 5:16-18)

하나님은 우리가 모든 일에 감사하며 살기를 원하십니다. 모든 일에 감사하려면 아주 작은 일이라도 그냥 지나치지 말고 은혜의 관점으로 해석하는 눈이 필요합니다. 그 눈이 있다면 우리는 방금 내뱉은 작은 호흡에도, 지금 이 책을 펼친 손가락의 움

직임에도 감사할 수 있습니다.

'감사'라는 개념이 성립되려면 조건이 필요합니다. '어떤 일'로 감사하는지, 또 '누구'에게 감사하는지. 이 두 가지 조건이 채워져야 감사의 반응이 존재할 수 있는 것입니다. 내게 일어난 일들이 꼭 누군가의 선물처럼 느껴질 때 하나님을 믿지 않는 사람들도 감사하는 마음이 일어난다고 하는 것을 보면, 감사는 피조물의 본능이라는 것을 알 수 있습니다. 요즘 자기 계발 도서에도 감사 일기를 쓰라는 내용이 종종 나오는데 누구에게 감사하라고 하는지는 나와 있지 않습니다. 그런 감사는 단지 자기 위안일 뿐입니다. 모든 피조물에게는 창조주를 향한 감사를 표현하려는 본능이 있습니다. 다만 그것을 아는 사람과 모르는 사람이 있을 뿐입니다.

그렇다면 하나님은 왜 우리가 범사에 감사하길 원하실까요? 감사는 하나님이 누구신지 알고 그 하나님을 신뢰하는 사람만이 할 수 있기 때문입니다. 다니엘은 죽음의 위협을 눈앞에 둔 상황에서도 다음과 같이 기도했습니다.

"다니엘이 이 조서에 왕의 도장이 찍힌 것을 알고도 자기 집에 돌아가서는 윗방에 올라가 예루살렘으로 향한 창문을 열고 전

에 하던 대로 하루 세 번씩 무릎을 꿇고 기도하며 그의 하나님께 감사하였더라"(단 6:10)

다니엘은 '그의 하나님'께 감사했습니다. 자신의 삶에 역사하신 하나님의 은혜와 축복이 너무나 분명했기 때문입니다. 가장 절망적인 상황에서도 다니엘은 자기 삶에서 항상 신실하셨던 그 하나님을 믿었습니다.

감사는 믿음의 열매입니다. 따라서 범사에 감사하라는 말씀은 내 삶의 모든 일들이 하나님의 섭리 안에 있음을 신뢰하라는 의미로 볼 수 있습니다. 그렇기 때문에 우리는 만족스럽지 못해도, 되는 일이 없어도, 희망이 보이지 않을 때에도 은혜로 역사하시는 하나님을 믿고 감사할 수 있습니다.

Q1 일상에서 별생각 없이 불평했던 일은 무엇인가요? 믿음을 가지고 그 불평을 감사로 바꾼 기도문을 적어 봅시다.

나를 위한 감사를 넘어서

이미 죽은 지 오래되어 냄새가 나는 나사로의 무덤 앞에서 예수님은 하나님께 감사하셨습니다. 굶주린 오천 명에게는 턱없이 부족했던 떡 다섯 개와 물고기 두 마리를 두고 예수님은 하나님께 감사하셨습니다. 바울과 실라는 감옥에 갇혔을 때에도 하나님께 감사하며 찬양했습니다. 그들은 하나님이 어떤 분인지 알았고, 그들을 사랑하시는 하나님을 신뢰했기 때문입니다. 성경에서 누군가가 하나님께 감사하는 장면이 나오면 이후에 어떤 일이 이어졌나요? 원수는 멸망했고 하나님의 사람은 사자 굴에서 건짐을 받았으며 오병이어의 기적이 일어났습니다. 감옥 문이 열리고 무덤의 문도 열렸습니다.

하나님이 어려움을 해결해 주실 거라고 단순히 믿는 것을 넘어서 그 어려움을 주신 하나님께 감사합시다. 이 놀라운 믿음에 도전합시다. 감사하면 문제가 해결될 수 있습니다. 다만 문제의 해결이 감사의 목적이 되어서는 안 됩니다. 이제는 나를 위한 감사가 아니라 인생의 문제와 장애물 너머에 계신 하나님, 은혜의 섭리 안에서 모든 일을 다스리시는 하나님께 초점을 맞추고 오직 그 하나님께 감사를 드립시다. 감사를 통해 하나님과 더 친밀해지며 그분이 '나의 하나님'이 되심을 경험할 수 있을 것입니다. 설령 내가 바라던 기적이 일어나지 않아도 다른 은혜를 발견하며 감사할 수 있을 것입니다.

하나님이 누구신지 알고 그분을 신뢰하는 사람만이 감사할 수 있습니다. 언제 어디서나 창조주를 기억해야 감사할 수 있습니다. 그리고 감사하는 사람은 예수님 다시 오실 날을 기다리며 깨어 있을 수 있습니다.

"기도를 계속하고 기도에 감사함으로 깨어 있으라"(골 4:2)

작은 일에도 하나님을 기억하고 신뢰하며 범사에 감사하려면 우리에게도 감사의 습관이 필요합니다. 운동을 하며 몸의 근육을 키우면 건강해질 수 있는 것처럼 감사하는 습관은 우리 영혼을 건강하게 할 것입니다. 현재에 만족하고 겸손하게 하며 참된 행복을 경험하게 할 것입니다. 불평과 부정적인 생각으로 답답하다면 바로 지금이 감사로 은혜의 문을 열어야 할 때입니다.

Q2 '나를 위한 감사'와 '하나님께 초점을 맞춘 감사'에는 어떤 차이가 있나요?

1. 감사는 우리를 향한 하나님의 뜻이며 인간의 본능입니다.

2. 내게 일어난 모든 일이 하나님의 섭리 안에 있음을 믿을 때 감사할 수 있습니다.

3. 내 문제가 해결되지 않아도 완전하신 하나님의 섭리를 믿고 감사할 수 있습니다.

● Daily Mission   _ □ ✕

⌄ 모든 일에 감사해요!

나의 가정, 학교, 교회 공동체에 대한 감사의 제목을
한 가지 이상 적어 봅시다.

• 가정:

_____

_____

• 학교:

_____

_____

• 교회 공동체:

_____

_____

→ 223쪽 습관챌린지 #3으로!

하나님 안에서
나를 발견합니다

말씀 읽기

왕이 사람에게서 쫓겨나서 들짐승과
함께 살며 소처럼 풀을 먹으며 하늘 이
슬에 젖을 것이요 이와 같이 일곱 때를
지낼 것이라 그 때에 지극히 높으신 이
가 사람의 나라를 다스리시며 자기의
뜻대로 그것을 누구에게든지 주시는
줄을 아시리이다

다니엘 4장 25절

핵심 문장

"하나님이 내게 있으라고 하신 곳에
있는 것이 겸손입니다."

'겸손한 사람'이란?

• 겸손한 사람이라는 말을 들으면 어떤 이미지가 떠오르나요?

  ↳

• 내 주변의 겸손한 사람은 누구인가요?

  ↳

느부갓네살의 교만

앞서 우리는 믿음의 열매가 감사라는 것을 배웠습니다. 이번에는 감사의 열매에 대해 알아보려 합니다. 하나님의 다스리심을 인정하고 신뢰할 때에야 우리는 감사할 수 있습니다. 따라서 진정으로 하나님께 감사하는 사람은 겸손해질 수밖에 없습니다. 감사의 열매는 겸손입니다. 겸손이 무엇인지 알려면 먼저 교만이 무엇인지를 깨달아야 합니다.

바벨론이라는 대제국의 왕 느부갓네살에게는 무엇도 두렵지 않을 힘이 있었습니다. 하지만 그는 자기가 어떤 존재인지 제대로 알지 못했습니다. 다니엘서 2장에서 하나님은 왕 역시 하나님의 통치 아래 있는 인간일 뿐이라는 것을 깨닫게 하시려고 꿈으로 계시하십니다. 그리고 다니엘을 통해 하나님이 모든 강대국을 통치하시는 분임을 알게 하십니다.

그럼에도 완전히 깨닫지 못한 느부갓네살은 3장에서 커다란 금 신상을 만들더니 다니엘의 세 친구들이 자기에게 복종하지 않았다고 분개하며 그들을 용광로 속에 집어넣습니다. 그는 하나님이 그들을 털끝 하나 상하지 않도록 보호하신 것을 보고서야 하나님을 높이는 모습을 보였습니다. 그러나 여전히 교만했던 느부갓네살왕은 4장에서 또다시 난해한 꿈을 꾸게 됩니다. 오늘 본문 말씀은 다니엘이 하나님으로부터 받은 지혜로 그 꿈에 대해 왕에게 직언하는 장면입니다. 그 꿈은 느부갓네살왕이 교만으로 인해 앞으로 받게 될 징계를 나타냈습니다. 그가 왕좌에서 쫓겨나 7년 동안 들짐승처럼 살게 된다는 무서운 꿈이었습니다. 느부갓네살왕은 그때 바로 회개했어야 했습니다. 어쩌면 그도 하루이틀 정도는 회개해야 하나 고민했을지도 모릅니다. 하지만 한 달, 두 달이 지나도 아무 일이 없자 그는 꿈의 메시지를 가볍게 여기고 잊어버렸습니다. 교만한 자는 하나님의 경고를 가볍게 여기기 때문입니다.

그렇게 일 년이 지나자 느부갓네살왕은 자기 왕궁을 거닐며 한가롭게 말했습니다.

> "**나** 왕이 말하여 이르되 이 큰 바벨론은 **내가** 능력과 권세로 건설하여 **나의** 도성으로 삼고 이것으로 **내** 위엄의 영광을 나타낸 것이 아니냐 하였더니"(단 4:30)

이 한 절에 자신을 가리키는 말이 네 번 등장합니다. 느부갓네살왕의 중심에는 언제나 자기 자신이 있었습니다. 그는 자신의 힘으로 세계를 정복하여 자신의 권세로 대제국을 다스린다고 생각했습니다. 이를 통해 우리는 그가 꿈을 통해 하나님께 경고를 받았음에도 전혀 깨닫지 못했다는 것을 알 수 있습니다.

질병 중에서 가장 무서운 부류는 통증 없이 찾아오는 병입니다. 교만은 스스로 통증을 느낄 수 없는 영혼의 질병과 같습니다. 따라서 교만한 자는 자신을 객관적으로 볼 수 없으며 자신이 교만한 줄도 모릅니다.

Q1 말이나 SNS를 통해 드러내고 싶었던 나의 자랑거리는 무엇인가요? 솔직하게 적어 봅시다.

겸손의 왕이신 예수님처럼

느부갓네살왕이 아무것도 모른 채 자기 자랑을 떠들고 있을 때
하나님이 말씀하셨습니다.

> "이 말이 아직도 나 왕의 입에 있을 때에 하늘에서 소리가 내
> 려 이르되 느부갓네살왕아 네게 말하노니 나라의 왕위가 네게
> 서 떠났느니라"(단 4:31)

이윽고 꿈의 경고가 그대로 이루어졌습니다. 하늘 높은 줄 몰
랐던 그의 권세가 추락하고 제정신이 아닌 채 들짐승처럼 살아
가게 된 것입니다. 그렇게 7년의 세월을 보낸 이후에야 느부갓
네살왕은 하나님이 세상 모든 일을 결정하고 주관하시는 분이
심을 고백합니다. 고난을 통해 자신의 실체를 알게 된 것입니다.
그는 스스로가 강한 권세를 가진 줄 알았으나 실상은 언제라도
부서질 수 있는 나약한 인간에 불과했다는 걸 깨달았습니다.

겸손은 하나님 안에서 진정한 자기 모습을 아는 것입니다. 내
가 나에 대해 안다고 생각하는 것은 나의 실상과 다릅니다. 오
직 하나님의 말씀을 거울 삼아 비추어 볼 때 진정한 나 자신을
알 수 있습니다.

교만은 스스로 깨닫기 어려운 질병입니다. 따라서 많은 사람이

고난의 광야를 만나 겸손을 배우고 나서야 이 모든 것이 하나님의 특별한 은혜임을 알게 됩니다. 고난의 광야를 지나야 교만함이 치료되고 산산이 조각난 자아가 하나님으로 채워지기 때문입니다.

더 높아지고 싶고, 더 돋보이고 싶고, 더 유명해지고 싶은 본능은 늘 우리의 내면을 지배합니다. 누군가 나를 불편하게 하는 것에 예민해지고, 가족이든 동료이든 사람에 대해 평가하는 것을 멈추지 않습니다. 남들보다 더 높아지기 위해 기꺼이 경쟁합니다. 예수님 곁에서 훈련 받은 제자들마저도 자기 입지와 지위를 우선시하며 서로 다투었습니다. 그 모습을 보신 예수님은 그들에게 물으셨습니다.

"내가 마시려는 잔을 너희가 마실 수 있느냐"(마 20:22b)

하나님이 가라고 하신 고난의 길을 갈 수 있겠냐고 질문하신 것입니다. 겸손이 무엇인지 알려면 예수님을 바라보아야 합니다. 겸손의 왕이신 예수님은 하나님이 가리키신 그 자리에 항상 계셨습니다. 하늘 보좌를 버리사 이 땅에 오셨고 가난한 자와 소외된 자, 병든 자의 곁에 계셨습니다. 제자들의 발을 씻기는 곳에, 겟세마네 동산에, 그리고 골고다 언덕 십자가 위에 예수님이 계셨습니다. 진리는 우리가 지금 있어야 할 자리에 있는지 스스로를 돌아보게 합니다. 하나님이 내게 지시하신 곳에 있는 것이 겸손입니다.

Q2 하나님은 느부갓네살에게 회개하고 돌아설 기회를 여러 번 주셨지만, 그는 교만 때문에 그 기회를 놓쳤습니다. 나에게도 그러한 교만이 있는지 생각해 보세요.

간단 요약

1. 감사의 열매는 겸손입니다.
2. 하나님 말씀으로 진정한 나를 알아갈 때 겸손할 수 있습니다.
3. 교만은 스스로 통증을 느낄 수 없는 영혼의 질병입니다.
4. 하나님이 내게 지시하신 곳에 있는 것이 겸손입니다.

● Daily Mission _ □ ✕

⌄ 내 모든 것은 하나님이 주신 것!

나의 자랑거리는 모두 하나님이 나에게 주신 선물이
에요. 그래서 우리는 항상 겸손해야 해요. 빈칸에 나
의 자랑거리를 적고 어떻게 겸손하게 행동할지 생각
해 보세요.

나의 자랑거리	겸손한 반응
키가 크다.	큰 키를 자랑하지 않고, 남에게 키 작다고 놀리지 않는다.

DANIEL PROJECT

→ 223쪽 습관챌린지 #3으로!

17

배려

타인의 입장을
생각합니다

말씀 읽기

벨드사살이라 이름한 다니엘이 한동안 놀라며 마음으로 번민하는지라 왕이 그에게 말하여 이르기를 벨드사살아 너는 이 꿈과 그 해석으로 말미암아 번민할 것이 아니니라 벨드사살이 대답하여 이르되 내 주여 그 꿈은 왕을 미워하는 자에게 응하며 그 해석은 왕의 대적에게 응하기를 원하나이다

다니엘 4장 19절

핵심 문장

"하나님의 사람은 이웃을 배려하고
그들의 평안을 진심으로 빌어 줍니다."

난 이럴 때 불편해

• 나를 불편하게 하는 말이나 행동은 무엇인가요?

  ↳

• 나의 기준과 다른 사람의 기준이 달라 힘들었던 적이 있나요?

  ↳

죄인도 배려했던 다니엘

우리는 앞서 하나님의 경고를 대하는 느부갓네살왕의 태도에 대해 알아보았습니다. 이번에는 같은 사건 속에서의 다니엘의 태도를 살펴보도록 하겠습니다.

다니엘은 하나님을 섬기는 사람이었지만 우상 숭배의 최전선인 바벨론 왕궁에서 근무했습니다. 그는 일찍부터 뜻을 정해 우상과 관련된 작은 타협도 허용하지 않았습니다. 그러나 당시 다니엘은 바벨론 왕에게 소속된 무당과 주술사, 점성가들의 관리자 역할을 맡고 있었습니다. 곳곳에 세워진 신상과 매일 벌어지는 우상 숭배 행위들을 보면서 다니엘은 어떤 생각을 했을까요? 그들의 끔찍한 죄악을 혐오스러워하고 남몰래 그들을 정죄하지는 않았을까요? 저 죄인들에게 어서 하나님의 형벌이 내리기를 남몰래 기대하지는 않았을까요? 하지만 다니엘서를 보면 다니엘은 단 한 번도 하나님 앞에서 누군가를 저주하거나 원망하는 기도를 드리지 않았습니다. 그저 모든 일을 하나님의 손에 맡기고 자신이 해야 할 일을 성실하게 해냈습니다. 그렇다면 다니엘은 자신과 다른 사람들을 어떻게 대했을까요?

느부갓네살왕으로부터 꿈 이야기를 들은 다니엘은 곧바로 소스라치게 놀라며 번민했습니다. 왕에게 큰 어려움이 일어날 것을 즉각적으로 알았기 때문입니다. 여기서 다니엘이 평소 왕을 어떻게 대해 왔는지 드러납니다. 만약 다니엘이 느부갓네살왕을 벌 받아 마땅한 사람이라고 생각했다면 아마 거침없는 칼날처럼 하나님의 메시지를 전했을 것입니다. 실제로 느부갓네살왕은 많은 죄를 지은 사람이었습니다. 그는 예루살렘을 에워싸서 무너뜨렸고 하나님의 성전 기물을 취했습니다. 이스라엘의 인재들을 잡아와 포로로 삼고 우상 숭배를 강요했습니다. 자신의 꿈을 해석하지 못하는 지혜자들을 죽이라고 명령했으며 자기가 세운 금 신상에 절하지 않는 하나님의 사람들을 보고 분에 가득차서 불에 던져 넣으라고 명령했습니다. 하지만 다니엘은 그러한 폭군에게 징계와 심판에 관한 메시지를 전할 때에도 함부로 말하지 않았습니다. 왕이 두려워서 그랬을까요? 아닙니다. 다니엘은 오히려 왕을 배려했던 것입니다.

> "내 주여 그 꿈은 왕을 미워하는 자에게 응하며 그 해석은 왕의 대적에게 응하기를 원하나이다"(단 4:19b)

다니엘은 꿈을 해석하며 놀란 마음을 진정하고 먼저 이 말을 들을 느부갓네살왕의 입장을 헤아렸습니다. 그리고 왕이 놀라지 않도록 그 꿈이 좋지 않은 내용이라는 것을 넌지시 전달하며 꿈의 뜻이 자신의 뜻과는 다르다는 것을 드러냈습니다. 그 꿈이 왕이 아닌 왕의 대적에게 이루어지기를 바라는 마음을 담아서 하나님의 뜻을 전달한 것입니다.

Q1 전도할 때 '하나님 안 믿으면 지옥 간다.'라고 말하는 건 좋은 방법인가요? 상대방의 입장을 헤아리며 진리를 전할 수 있는 방법을 생각해 봅시다.

선한 목적을 선한 방법으로 이루자

진정한 배려는 타인에 대한 존중에서 시작됩니다. 느부갓네살왕은 분명 하나님 앞에서 죄인이었지만 다니엘은 함부로 그를 정죄하지 않았습니다. 오히려 그 죄의 심판이 왕에게 임하지 않기를 진심으로 소망하며 그에게 죄에서 돌이킬 것을 권고했습니다. 다니엘은 자신의 죄에는 엄격했지만 타인의 죄에 대한 심판과 평가의 자격은 오직 하나님께 있음을 알았습니다. 그렇기 때문에 아무리 큰 죄인이라 해도 그가 심판을 피하고 하나님께 돌아오기를 진심으로 바랐습니다.

똑같은 메시지를 전해도 어감에 따라 상대방을 분노하게 만드는 사람들이 있습니다. 명명백백한 진실을 말할 때에도 상대방의 입장을 헤아리며 사려 깊게 표현하는 것은 중요합니다.

"유순한 대답은 분노를 쉽게 하여도 과격한 말은 노를 격동하느니라"(잠 15:1)

지혜의 사람인 다니엘은 자신의 뜻을 전할 때에도 과격한 말보다는 유순한 예의를 갖추었습니다. 젊은 시절 다니엘이 세 친구와 함께 왕의 진미와 포도주를 거절하던 장면을 떠올려 봅시다. 그는 자신들을 책임지는 환관장에게 대뜸 반항하거나 당신이 우상 숭배가 뭔지 아느냐며 지적하지 않았습니다.

> "청하오니 당신의 종들을 열흘 동안 시험하여 채식을 주어 먹게 하고 물을 주어 마시게 한 후에 당신 앞에서 우리의 얼굴과 왕의 음식을 먹는 소년들의 얼굴을 비교하여 보아서 당신이 보는 대로 종들에게 행하소서 하매"(단 1:12-13)

원문에서 '청하오니'는 최고의 존경을 표현하는 말이라고 합니다. 아무리 자기 뜻이 선하고 의로우며 하나님의 뜻과 같다는 확신이 있어도 그것을 성취하는 방법은 항상 온유하고 겸손하며 지혜로워야 합니다. 목적이 선하면 방법도 선해야 합니다. 다니엘은 무조건적인 거절이 아닌 다른 방안을 제시하며 환관장의 마음을 서서히 열었습니다. 그리고 이 일은 환관장이 살아 계신 하나님을 경험하는 계기가 되었습니다.

칼날 같은 정죄와 비방으로는 진리를 전한다 해도 소용이 없습니다. 하나님의 사람은 이웃을 배려하고 그들의 평안을 진심으로 빌어 주어야 합니다. 진심에는 사랑이 필요합니다. 배려는 예수님이 말씀하신 두 번째 계명, 즉 네 이웃을 네 자신 같이 사랑하라는 말씀에 순종하는 것입니다. 모든 영혼을 구원하기 원하시는 하나님의 뜻을 위해 우리가 해야 할 첫 번째 일은 이웃을 사랑하며 배려하는 것입니다.

Q2 나와 가까운 사람이 명백한 죄를 지었다면 어떻게 반응하는 것이 바람직할까요?

<hr>

간단 요약

1. 다니엘은 죄인이었던 왕에게도 배려하며 말했습니다.
2. 타인을 함부로 정죄하지 않고 그에게 심판이 임하지 않기를 바라는 마음이 필요합니다.
3. 하나님의 뜻을 전할 때에도 배려하며 말해야 합니다.

⊙ 내가 듣고 싶은 배려의 말은?

누군가가 내게 조언을 해 줄 때 그 사람이 나에게 어떻게 말해 주었으면 좋을지 적어 봅시다.

_____

_____

_____

_____

_____

_____

_____

다른 사람들에게도 이렇게 말해 보세요.

→ 223쪽 습관챌린지 #3으로!

존중하고
품어 줍니다

말씀 읽기

이 다니엘이 다리오왕의 시대
와 바사 사람 고레스왕의 시대
에 형통하였더라

다니엘 6장 28절

핵심 문장

"예수님의 사랑을 전하려면
사랑을 모르는 자들 속으로
들어가야 합니다."

내 친구를 소개합니다

• 같이 있을 때 가장 편안한 친구는 누구인가요? 그 친구가 편안한 이유는 무엇인가요?

  ↳

• 가장 부러운 친구는 누구인가요? 어떤 면에서 부러운가요?

  ↳

• 가장 챙겨 주고 싶은 친구는 누구인가요? 그 친구를 챙겨 주고 싶은 이유는 무엇인가요?

  ↳

말씀 속으로

다니엘의 유연성

바벨론에 포로로 잡혀 온 다니엘은 평생 동안 네 명의 왕을 만났습니다. 다니엘은 하나님이 주시는 지혜로 느부갓네살왕의 꿈을 해석하여 바벨론의 총리가 되었습니다. 느부갓네살왕이 죽고 그의 아들 벨사살이 왕이 되었을 때에도 다니엘은 여전히 영향력 있는 통치자로 살았습니다.

그러다 바벨론은 메데에 의해 멸망하게 되었습니다. 메데의 왕인 다리오는 전국을 120도로 나누어 다스리면서 그 위에 총리 셋을 두었는데, 그중에 한 사람이 바로 다니엘이었습니다. 그 후 메데는 바사의 왕인 고레스에 의해 병합되어 메데바사제국이라는 나라가 탄생하게 됩니다. 메데바사제국은 나중에 이집트까지 짓밟고 영토를 확장하여 최초의 세계 제국 '페르시아'라는 이름으로 불리게 됩니다. 이 강력한 대제국의 제왕 중 가장 넓은 영토를 차지했던 고레스왕 시대에서도 하나님은 여전히 다니엘을 형통하게 하셨습니다.

다니엘은 역사와 종교와 문화와 행정 제도가 완전히 다른 두 제국에서 최고의 공직자로 살아갔습니다. 여기서 우리는 그의 문화적 유연성을 가늠해 볼 수 있습니다. 다니엘은 유대인으로서 여호와 하나님만을 섬겼지만 시대와 문화를 이해하고 자신의 능력을 최대한 발휘하며 자기 신앙을 지켜 나갔습니다. 그는 변화를 수용하며 새로운 왕을 최선을 다해 모셨고, 모든 왕들의 진정한 왕이신 하나님께 속한 자로서 거룩하게 구별된 삶을 살았습니다. 다니엘은 사람에게 인정받으려고 하나님을 멀리하지 않았습니다. 어느 시대, 어떤 왕 앞에서도 하나님을 향한 믿음을 굽히지 않았습니다. 다니엘의 삶은 세상 속에서도 하나님께 충성하는 자가 어떻게 존귀하게 쓰임 받는지를 보여 주는 예입니다.

Q1 나의 거룩한 신념을 지키면서 다른 사람과 좋은 관계를 맺기 위해 우리는 어떤 자세를 취해야 하나요? 구체적인 방법을 생각해 봅시다.

존중하며 포용하기

사실 다니엘은 언제나 새로운 환경을 마주해야 했습니다. 그는 유대 문화권에서 살아오다 바벨론에 끌려와 새 이름을 받고 새 언어와 학문을 배웠습니다. 완전히 달라진 세계관과 가치관의 문화 속에 던져진 것입니다. 바벨론의 총리로 어느 정도 적응을 했을 때 새 제국 바사의 시대가 시작되었습니다. 국가 운영 방식, 행정 체계도 완전히 새로워졌습니다. 왕이 바뀌면 자신의 업적을 드러내기 위해 큰일들을 진행했는데, 다니엘은 그때마다 새로운 비책을 세우고 차질 없게 일을 진행하는 총괄로서 직무를 수행했습니다. 성실히 공부하며 변화를 따라가지 않으면 할 수 없는 일이었습니다.

다니엘은 하나님의 말씀에 뜻을 정하고 결코 타협하지 않으면서도 시대의 문화를 완전히 차단하거나 무시하지 않았습니다. 그것들을 존중하며 포용하되 끌려다니지는 않았습니다. 그는 매일 기도하며 하나님의 계시를 받고 장차 일어날 일들을 보는 선지자였지만 하나님이 보여 주신 환상과 메시지로 심신이 힘들어져도 자기 직무를 감당하기 위해 다시 일어났습니다.

> "이에 나 다니엘이 지쳐서 여러 날 앓다가 일어나서 왕의 일을 보았느니라"(단 8:27a)

Q2 문화를 포용하기 위해 미디어를 가까이하고 유행에 민감해져야 한다고 생각하나요? 나의 의견과 그렇게 생각한 이유를 적어 봅시다.

진리를 품고 세상 속으로

세상을 등지고 교회 안에만 머무는 것은 건강한 신앙의 모습이 아닙니다. 우리가 세상에 들어가지 않는다면 세상은 하나님에 대해 알지 못할 것입니다. 그렇다고 우리가 세상에 섞여 남들과 다를 바 없이 살아간다면 세상은 하나님을 보지 못할 것입니다.

예배에서 은혜를 경험했다면 일어나서 나아가야 합니다. 하나님을 알지 못하는 가족, 친구들의 틈으로 들어가 그들을 포용하고 존중하며 우리가 해야 할 일을 해야 합니다.

예수님은 제자들을 보내시며 말씀하셨습니다.

"보라 내가 너희를 보냄이 양을 이리 가운데로 보냄과 같도다 그러므로 너희는 뱀 같이 지혜롭고 비둘기 같이 순결하라"
(마 10:16)

우리에게 필요한 것은 바로 뱀 같은 지혜와 비둘기 같은 순결입니다. 세상 문화 속의 사람들을 지혜롭게 포용하고 하나님의 거룩한 기준을 포기하지 않는 것. 그럴 때에야 비로소 우리는 진리를 전할 수 있고 믿는 자의 본을 보이며 선한 영향력을 전할 수 있을 것입니다.

예수님이 직접 인간이 되어 우리에게 오신 것처럼, 그분의 사랑을 전하려면 우리도 사랑을 모르는 자들 속으로 들어가야 합니다. 때로는 거절당할 수도 있고, 상처를 받을 때도 있을 것입니다. 하지만 포기하지 말고 하나님이 우리에게 주신 무조건적인 사랑을 기억하며 굳건한 믿음을 품고 그 속에 머무르며 그들을 존중합시다.

Q3 뱀과 비둘기는 어떤 동물인가요? 뱀 같이 지혜롭고 비둘기 같이 순결하라는 말씀은 어떤 의미인가요?

간단 요약

1. 다니엘은 서로 다른 문화권에서도 유연하게 적응했습니다.

2. 우리는 거룩한 삶을 포기하지 않고 세상을 품을 수 있습니다.

3. 예수님의 사랑을 전하려면 예수님의 사랑을 모르는 사람들 속으로 들어가야 합니다.

● Daily Mission _ □ ✕

> ⌄ 그리스도인으로서 SNS를 어떻게 사용해야 하나요?
>
> 친구의 말을 듣고 내 생각을 적어 보세요.

• 친구 A → SNS는 재미있는 소통 수단이야. 굳이 연락

하지 않아도 어떻게 지내는지 볼 수 있어서 편해.

• 친구 B → SNS에서 사진이나 영상을 보다 보면 남과

나를 비교하게 되더라. 겉으로 보이는 것에 지나치게

신경을 쓰게 돼서 불편해.

• 나 →

DANIEL PROJECT

→ 223쪽 습관챌린지 #3으로!

이웃과 함께 살아갑니다

말씀 읽기

그런즉 왕이여 내가 아뢰는 것
을 받으시고 공의를 행함으로
죄를 사하고 가난한 자를 긍휼
히 여김으로 죄악을 사하소서
그리하시면 왕의 평안함이 혹시
장구하리이다 하니라

다니엘 4장 27절

핵심 문장

"하나님을 사랑한다면
하나님과 함께
옳은 일을 행해야 합니다."

도와주세요!

- 만약 내가 슈퍼히어로가 된다면 우리 사회의 어떤 문제를 바로잡고 싶은가요?

  ↳

- 누군가에게 도움을 받아 본 경험을 적어 보세요. 그때 어떤 마음이 들었나요?

  ↳

말씀 속으로

마음이 깨끗해지려면

우리는 다니엘서 4장을 이미 여러 차례 다루며 다양한 관점으로 짚어 보았습니다. 이번에는 다니엘이 느부갓네살왕에게 올린 조언을 살펴보며 하나님이 원하시는 정의에 대해 알아보겠습니다.

하나님이 느부갓네살왕의 꿈을 통해 그에게 경고하셨습니다. 하늘 높은 줄 모르고 솟아난 나무처럼 느부갓네살왕의 마음이 높아질 대로 높아졌음을 보게 하신 것입니다. 꿈속의 그 나무가

베인 것 같이 하나님은 느부갓네살왕의 교만을 꺾기 위해 그에게 징계를 예고하셨습니다. 다니엘은 느부갓네살왕의 꿈을 해석하며 그에게 다시 돌이킬 방법을 제안했습니다. 그것은 하나님의 심판이 어떤 것인지 받아들이고 공의를 행하며 가난한 자를 도와주라는 것이었습니다.

이 말은 지금까지 느부갓네살왕이 자기 역할을 해내지 못했다는 것을 뜻합니다. 왕은 나라를 다스리는 일을 하나님이 맡기신 사명이라 여기며 공정하고 의롭게 행해야 합니다. 또 백성이 가난에 시달리지 않도록 항상 살피며 다스려야 합니다. 우월감에 취해 풍족함만 누리는 것이 아니라 긍휼한 마음으로 백성을 돌보아야 한다는 것입니다. 다니엘은 그것이 느부갓네살왕의 죄악을 사하고 내면을 정결케 하는 방법임을 알았습니다.

예수님도 이와 같은 말씀을 하셨습니다.

"주께서 이르시되 너희 바리새인은 지금 잔과 대접의 겉은 깨끗이 하나 너희 속에는 탐욕과 악독이 가득하도다 어리석은 자들아 겉을 만드신 이가 속도 만들지 아니하셨느냐 그러나 그 안에 있는 것으로 구제하라 그리하면 모든 것이 너희에게 깨끗하리라"(눅 11:39-41)

예수님은 탐욕과 악독이 가득한 바리새인들에게 내면을 깨끗하게 하기 위해서는 가난한 사람을 도와야 한다고 하셨습니다. 나의 소유로 가난한 자들을 돕는 행위가 우리 내면의 탐욕과 악독을 깨끗하게 만든다는 것입니다.

여기서 우리는 스스로를 돌아봐야 합니다. 공의를 행해야 할 사람은 왕뿐일까요? 바리새인이 아니라면 굳이 남을 돕지 않아도 되는 걸까요? 그렇지 않습니다. 하나님은 우리가 자기 자신만을 위해 사는 삶에서 벗어나 누군가를 향해 손을 뻗고 의로운 일을 행하는 것을 기뻐하십니다. 인간은 그렇게 살도록 지음 받은 존재입니다. 따라서 우리가 누군가를 살린다면 그것은 곧 자기 자신을 살리는 일이 될 것입니다.

Q1 구약 시대에는 고아와 과부, 나그네에게 정의를 행하라고 가르쳤습니다. 이들은 현대 사회에서 어떤 모습으로 우리 곁에 있나요? 관심과 도움이 필요한 사람들을 떠올려 봅시다.

정의가 사라진 세상

정의가 사라진 세상에서는 어떤 일이 일어날까요?

> "너희가 힘없는 자를 밟고 그에게서 밀의 부당한 세를 거두었
> 은즉 너희가 비록 다듬은 돌로 집을 건축하였으나 거기 거주
> 하지 못할 것이요 아름다운 포도원을 가꾸었으나 그 포도주
> 를 마시지 못하리라 너희의 허물이 많고 죄악이 무거움을 내가
> 아노라 너희는 의인을 학대하며 뇌물을 받고 성문에서 가난한
> 자를 억울하게 하는 자로다"(암 5:11-12)

힘없는 자를 밟고 부당하게 세를 거두는 것, 죄 없는 자를 학
대하고 부당한 청탁을 요구하며 가난한 자를 억울하게 하는 것,
이것이 바로 지금 우리가 사는 세상에서 일어나는 일들입니다.
따라서 이 땅에 정의가 살아 있도록 잘못된 것을 바로잡는 일은
그 자체로 하나님이 받으시는 예배가 됩니다.

> "너희가 내게 번제나 소제를 드릴지라도 내가 받지 아니할 것
> 이요 너희의 살진 희생의 화목제도 내가 돌아보지 아니하리라
> 네 노랫소리를 내 앞에서 그칠지어다 네 비파 소리도 내가 듣
> 지 아니하리라 오직 정의를 물 같이, 공의를 마르지 않는 강 같
> 이 흐르게 할지어다"(암 5:22-24)

정의와 공의가 흐르지 않는다면 하나님은 우리가 아무리 귀한 예물을 드리고 근사한 음악으로 찬양을 드려도 받지 않으실 것이라 하십니다. 그렇다면 하나님이 원하시는 정의는 무엇일까요? 아래 말씀들을 천천히 읽으며 생각해 봅시다.

> "너희의 하나님 여호와는 신 가운데 신이시며 주 가운데 주시요 크고 능하시며 두려우신 하나님이시라 사람을 외모로 보지 아니하시며 뇌물을 받지 아니하시고 고아와 과부를 위하여 정의를 행하시며 나그네를 사랑하여 그에게 떡과 옷을 주시나니"(신 10:17-18)

> "사람을 학대하지 아니하며 빚진 자의 저당물을 돌려 주며 강탈하지 아니하며 주린 자에게 음식물을 주며 벗은 자에게 옷을 입히며"(겔 18:7)

> "내가 기뻐하는 금식은 흉악의 결박을 풀어 주며 멍에의 줄을 끌러 주며 압제 당하는 자를 자유하게 하며 모든 멍에를 꺾는 것이 아니겠느냐 또 주린 자에게 네 양식을 나누어 주며 유리하는 빈민을 집에 들이며 헐벗은 자를 보면 입히며 또 네 골육을 피하여 스스로 숨지 아니하는 것이 아니겠느냐 그리하면 네 빛이 새벽 같이 비칠 것이며 네 치유가 급속할 것이며 네 공의

가 네 앞에 행하고 여호와의 영광이 네 뒤에 호위하리니"

(사 58:6-8)

　신명기는 고아와 과부, 나그네를 돌보라고 하고, 에스겔은 굶주린 자를 먹이고 헐벗은 자를 입히라고 말합니다. 또 이사야는 참된 금식은 자신만을 위한 절제가 아니라, 어려운 이웃과 나누고, 억눌린 자를 자유롭게 하는 삶이라고 전합니다. 그러므로 하나님이 원하시는 정의와 공의는 가난한 자와 도움이 필요한 자에게 사랑을 베푸는 것이며, 이것이 바로 하나님을 기쁘시게 하는 참된 예배자의 모습입니다.

Q2 주린 자에게 음식을 주고 벗은 자에게 옷을 입히라는 말씀을 실천하기 위해 지금 내가 할 수 있는 일은 무엇인가요?

정의가 곧 예배다

느부갓네살왕은 바벨론 왕국을 자기 능력으로 얻은 소유물로 여겼습니다. 하나님은 그것을 교만이라 지적하시며 징계하셨습니다. 우리가 가진 것들은 우리의 능력으로 얻은 게 아니라 온전히 하나님이 내게 맡기신 것이라는 사실을 믿나요? 그렇다면 단순히 믿기만 하는 것을 넘어 그것들을 하나님이 기뻐하시는 일에 사용해야 합니다.

> "사람아 주께서 선한 것이 무엇임을 네게 보이셨나니 여호와께서 네게 구하시는 것은 오직 정의를 행하며 인자를 사랑하며 겸손하게 네 하나님과 함께 행하는 것이 아니냐"(미 6:8)

하나님이 우리에게 원하시는 것은 정의와 사랑, 겸손히 하나님과 동행하는 것입니다. 하나님은 우리가 어려움에 처한 이웃을 도울 때 기뻐하시며 그것을 예배로 받으십니다. 하나님을 사랑한다면 하나님과 함께 옳은 일을 행해야 합니다. 눈을 들어 주위를 둘러봅시다. 그리고 하나님이 가라고 하신 곳에 가서 그분이 시키신 일을 행합시다.

Q3 하나님이 기뻐하시는 정의를 실천하며 세상을 변화시킬 수 있는 방법에는 무엇이 있나요?

1. 탐욕과 죄로 더러워진 마음을 깨끗하게 하려면 가난한 이웃을 도와야 합니다.

2. 도움이 필요한 사람들을 찾아 도와주는 것은 그 자체로 하나님이 받으시는 예배가 됩니다.

3. 내가 가진 모든 것은 하나님이 주신 것이기에 하나님이 기뻐하시는 일에 사용해야 합니다.

● Daily Mission _ □ ✕

⌄ 지극히 작은 자는 누구인가요?

예수님은 "지극히 작은 자 하나에게 한 것이 곧 내게 한 것"(마 25:40b)이라고 말씀하셨습니다. 현재 내 주변에서 '지극히 작은 자'는 누구인가요? 자기 목소리를 내기 어려운 사람들, 눈에 잘 띄지 않는 사람들이 누구인지 생각해 봅시다.

DANIEL PROJECT

→ 223쪽 습관챌린지 #3으로!

영향력

예수님 믿는
티가 납니다

말씀 읽기

내가 이제 조서를 내리노라 내 나라 관할 아래
에 있는 사람들은 다 다니엘의 하나님 앞에서
떨며 두려워할지니 그는 살아 계시는 하나님
이시요 영원히 변하지 않으실 이시며 그의 나
라는 멸망하지 아니할 것이요 그의 권세는 무
궁할 것이며 그는 구원도 하시며 건져내기도
하시며 하늘에서든지 땅에서든지 이적과 기사
를 행하시는 이로서 다니엘을 구원하여 사자
의 입에서 벗어나게 하셨음이라 하였더라

다니엘 6장 26-27절

핵심 문장

"복음은 결코 가려질 수 없는
선한 영향력을 지닙니다."

오늘 아침 내 모습은?

• 오늘 잠에서 깨어 눈을 떴을 때 가장 먼저 했던 일은 무엇인가요?

↳

• 그 일을 하고 나서 나의 마음은 어떠했나요?

↳

• 하나님이 주신 귀한 하루를 어떻게 시작하는 것이 좋은가요?

↳

말씀 속으로

다니엘을 통해 하나님을 경험한 왕들

다니엘은 공직자로서 총 네 명의 왕 아래에서 직무를 수행했습니다. 업적, 성격은 물론 종교도 달랐던 네 왕은 신기하게도 다니엘을 만난 이후 하나님의 살아 계심을 경험하고 하나님의 다스리심을 인정하게 됩니다. 바벨론의 느부갓네살왕과 바사의 고레스왕 역시 자신의 입술로 하나님을 찬양했습니다.

"그러므로 지금 나 느부갓네살은 하늘의 왕을 찬양하며 칭송하며 경배하노니 그의 일이 다 진실하고 그의 행하심이 의로우시므로 교만하게 행하는 자를 그가 능히 낮추심이라"(단 4:37)

"바사 왕 고레스는 말하노니 하늘의 하나님 여호와께서 세상 모든 나라를 내게 주셨고 나에게 명령하사 유다 예루살렘에 성전을 건축하라 하셨나니 이스라엘의 하나님은 참 신이시라"
(스 1:2-3a)

오늘의 성경 본문은 다니엘이 사자 굴에서 살아 돌아온 이후에 다리오왕이 만백성에게 하나님을 선포하는 장면입니다. 이 사건을 다리오왕의 입장에서 다시 살펴보겠습니다.

다리오왕에게는 수많은 신하가 있었고 나라의 미래를 책임질 젊은 인재들이 왕궁에서 교육을 받고 있었습니다. 당시 고관 120명이 전국 각지에 퍼져 지방을 다스렸고, 그들을 관리하는 총리 셋이 있었는데, 그중 한 명이 다니엘이었습니다. 다니엘은 나이도 많은데다 패전국인 바벨론의 신하였으니 일반적으로 볼 때 그리 주목할 만한 인물은 아니었을 것입니다. 그럼에도 다리오왕은 현명하고 정직한 다니엘을 몹시 아끼고 신임했습니다. 다니엘이 사자 굴에 들어간 날 다리오왕은 음식도 먹지 못하고 잠도 이루지 못할 정도로 슬퍼했습니다. 그리고 날이 밝자마자 사자 굴 앞으로 달려가 다니엘의 이름을 애타게 불렀습니다. 이 일을 통해 다리오왕은 자신이 왕이라도 조서 한 장조차 무를 수 없는 나약한 인간임을 깨달았습니다. 그래서 사자 굴에서 멀쩡히 살아 나온 다니엘을 보았을 때 다리오왕은 하나님의 놀라운 능력과 주권을 깊이 깨닫게 되었습니다. 평소 우상을 섬기던 다리오왕의 입에서 하나님을 향한 찬양이 흘러 나왔습니다. 죽음의 위협에도 결코 꺾이지 않았던 다니엘을 보며 왕조차 변화된 것입니다.

Q1 다니엘을 만난 왕들이 하나님의 살아 계심을 경험할 수 있었던 이유는 무엇이라고 생각하나요?

영향력을 따르지 말고

이 기적적인 이야기의 주인공은 하나님입니다. 다니엘은 많은 사람이 하나님을 바라볼 수 있도록 쓰임 받은 사람입니다. 그가 지켜 온 믿음의 삶은 제국의 임금에게도 영향을 끼쳤습니다. 영향력 있는 다니엘의 삶은 경건한 결심에서부터 시작되었다는 것을 기억해야 합니다. 다니엘은 대단한 영향력을 갖으려고 노력하지 않았습니다. 그 영향력은 하나님이 그에게 주신 사명을 위한 도구였습니다. 우상을 섬기는 민족에게 하나님의 살아 계심을 보이시려고, 이방 나라에 포로로 잡혀 온 이스라엘 백성에게 믿음의 삶을 격려하시려고 하나님이 다니엘에게 바로 그 영향력을 주신 것입니다.

따라서 우리가 영향력 자체를 목적으로 삼아서는 안 됩니다. 그저 복음을 품고 진리를 따라 살아가면 됩니다. 하나님이 섭리에 맞게 우리를 높이기도 하시고 낮추기도 하실 때 겸손히 순종하면 됩니다. 빛 되신 그리스도를 따라 세상의 빛과 소금으로 살아가면 됩니다. 그러면 결코 숨길 수 없는 빛이 우리 삶에 가득할 것입니다.

> "너희는 세상의 빛이라 산 위에 있는 동네가 숨겨지지 못할 것이요"(마 5:14)

보이는 곳에서든 보이지 않는 곳에서든 똑같이 행동하는 사람, 바로 그런 사람을 우리는 신뢰합니다. 우리가 어디서든 변함없이 하나님을 섬기며 선을 행할 때 예수 그리스도의 향기가 세상으로 퍼져 나갈 것입니다.

"우리는 구원 받는 자들에게나 망하는 자들에게나 하나님 앞에서 그리스도의 향기니"(고후 2:15)

사도 베드로는 성도들에게 이렇게 권면했습니다.

"너희가 이방인 중에서 행실을 선하게 가져 너희를 악행한다고 비방하는 자들로 하여금 너희 선한 일을 보고 오시는 날에 하나님께 영광을 돌리게 하려 함이라"(벧전 2:12)

복음을 품은 사람은 남들과는 다르게 살 수밖에 없습니다. 복음은 결코 가려질 수 없는 선한 영향력을 지닙니다. 하나님을 믿지 않는 자들도 예수의 향기가 나는 사람을 보면 닫혀진 마음의 문을 엽니다. 그들이 우리를 통해 하나님을 발견하고 하나님께 영광을 돌릴 수 있도록 살아갑시다.

Q2 만약 하나님이 나에게 큰 영향력을 주신다면 그 목적은 무엇인가요? 나는 그것을 어떻게 사용해야 하나요?

1. 다니엘을 만난 왕들은 모두 하나님의 살아 계심을 경험했습니다.
2. 영향력은 사명을 위한 도구이기에 영향력이 목적이 되어서는 안 됩니다.
3. 우리가 하나님을 섬기며 선을 행할 때 예수 그리스도의 향기가 퍼져 나갈 것입니다.

⊙ 나는 빛과 소금이다!

우리는 세상에서 빛과 소금으로 살아야 합니다. 빛은 어둠을 밝히고 소금은 부패를 막습니다. 하나님이 내게 가라고 명하신 어두운 곳은 어디인가요? 또, 썩지 않게 해야 할 영역은 어디라고 생각하는지 적어 봅시다.

DANIEL PROJECT

→ 223쪽 습관챌린지 #3으로!

간증

하나님만
자랑합니다

말씀 읽기

오직 은밀한 것을 나타내실 이는
하늘에 계신 하나님이시라 그가
느부갓네살왕에게 후일에 될 일
을 알게 하셨나이다

다니엘 2장 28a절

핵심 문장

"하나님의 다스리심과
선한 뜻을 믿는다면
나의 실패도, 성공도 간증이 됩니다."

좋은 자랑, 나쁜 자랑

• 친구가 자랑을 하면 어떤 기분이 드나요?

   ↳

• 듣기 좋은 자랑이 있다면 어떤 것일까요?

   ↳

오직 하나님께 영광

하나님은 다니엘에게 놀라운 지혜를 주셨습니다. 다니엘의 지혜를 본 사람들은 그를 가리켜 '거룩한 신들의 영이 있는 사람'이라고 평가했습니다. 인간이 가질 수 있는 지혜 이상의 것이 그에게 있었기 때문입니다. 다니엘은 기도 중에 환상을 보고 천사를 만났습니다. 아무도 풀지 못했던 왕의 꿈을 해석했습니다. 왕의 신임을 얻어 일평생 높은 지위를 유지했습니다. 이런 사실만 놓고 보면 다니엘은 정말 대단하고 놀라운 사람입니다.

　하지만 우리는 그 모든 것을 주관하신 하나님을 보아야 합니다. 다니엘의 성공은 하나님의 철저한 의도와 계획 아래 이루어진 것입니다. 그리고 다니엘은 그 사실을 누구보다 잘 알고 있었습니다. 그래서 그는 아무도 알지 못했던 은밀한 비밀을 해석하면서도 이 모든 것이 하나님이 알려 주신 것임을 반드시 밝혔습니다.

> "내게 이 은밀한 것을 나타내심은 내 지혜가 모든 사람보다 낫기 때문이 아니라 오직 그 해석을 왕에게 알려서 왕이 마음으로 생각하던 것을 왕에게 알려 주려 하심이니이다"(단 2:30)

또한 다니엘은 사자 굴에서 목숨을 건졌을 때에도 오직 하나님의 행하심만 고백했습니다.

> "나의 하나님이 이미 그의 천사를 보내어 사자들의 입을 봉하셨으므로 사자들이 나를 상해하지 못하였사오니 이는 나의 무죄함이 그 앞에 명백함이오며 또 왕이여 나는 왕에게도 해를 끼치지 아니하였나이다 하니라"(단 6:22)

간증은 자신이 어떻게 기도에 응답받았는지 밝히는 시간이 아닙니다. 기도의 목적은 응답이 아니기 때문입니다. 기도의 궁극적인 목적은 오직 하나님의 영광을 나타내고 하나님을 높이는 것입니다. 그래서 다니엘은 기도의 응답을 받았을 때마다 하나님께 감사하고 하나님을 찬양했습니다.

> "우리가 주께 구한 것을 내게 알게 하셨사오니 내가 주께 감사
> 하고 주를 찬양하나이다 곧 주께서 왕의 그 일을 내게 보이셨
> 나이다 하니라"(단 2:23b)

하나님의 마음에 합한 자였던 다윗 역시 하나님의 이름을 자랑했습니다.

> "어떤 사람은 병거, 어떤 사람은 말을 의지하나 우리는 여호와
> 우리 하나님의 이름을 자랑하리로다"(시 20:7)

하나님이 우리의 기도에 응답하셔서 우리에게 승리를 안겨 주실 때 그 하나님을 자랑해야 합니다. 자신이 받은 축복의 목록을 나열할 필요가 없습니다.

남유다의 왕인 히스기야가 기도할 때 하나님은 앗수르를 물리쳐 주셨습니다. 거기에 더해 그의 병을 고치시며 생명까지 연장해 주셨습니다. 그는 정말 놀라운 응답을 받은 것입니다. 그럼에도 그는 나중에 바벨론의 왕이 보낸 특사가 방문했을 때 하나님 이야기는 꺼내지도 않고 자신의 나라가 소유한 온갖 보물을 보

여 줍니다. 하나님이 아니라 튼튼한 왕권과 군사력, 막대한 소유를 자랑하고 싶었던 것입니다. 그러나 히스기야가 그들에게 자랑한 보물들은 도리어 바벨론의 욕심을 자극하게 됩니다. 자기 능력을 자랑했던 것이 침략의 명분이 되고 만 것입니다.

Q1 지금껏 나의 기도는 내 소원을 위한 것이었나요? 아니면 하나님을 기쁘시게 하기 위한 것이었나요? 자주 하는 기도를 떠올려 보고 그 이유를 적어 보세요.

하나님만 자랑하는 간증

만약 히스기야왕이 바벨론의 왕이 보낸 특사에게 하나님을 자랑했다면 어떻게 되었을까요?

"우리가 앗수르를 물리친 것은 우리의 힘이 아닙니다. 성전에 올라가 하나님께 기도했더니 그날 밤 하나님이 하늘의 천사를 보내셔서 앗수르 군사 18만 5천 명을 물리쳐 주셨습니다. 또 내가 병에 걸려 죽게 되었을 때 하나님이 나의 기도를 들으시고 생명을 연장시켜 주셨습니다. 여호와 하나님은 전쟁에 능하시고 우리의 생명도 주관하시는 지금도 살아 역사하시는 하나님이십니다."

히스기야왕이 이렇게 하나님을 자랑했다면 바벨론은 살아 계신 여호와 하나님이 두려워서 침략을 포기했을지도 모릅니다. 하지만 자신이 받은 축복의 결과물만 자랑했던 히스기야는 바벨론에게 자신의 나라를 포함한 모든 것을 빼앗기게 됩니다.

하나님이 우리의 기도를 들으시고 응답하시는 이유는 바로 하나님의 하나님 되심을 드러내기 위함입니다. 하나님이 우리를 사랑하셔서 작은 신음에도 귀 기울이시는 이유 역시 하나님의 하나님 되심을 나타내기 위함입니다. 그러므로 우리는 그 하나님을 자랑해야 합니다. 하나님이 내게 주신 것들을 자랑하지 말고 오직 하나님만 자랑해야 합니다. 그런 간증에는 능력이 있습니다.

다니엘은 느부갓네살왕에게 자신이 하나님의 능력으로 꿈을 해석했음을 알렸습니다. 자신은 하나님의 뜻을 알리는 도구일 뿐, 이 모든 놀라운 꿈과 해석과 계시는 모두 하나님이 이루신 일이라고 선언한 것입니다. 그러자 느부갓네살왕은 하나님이 모든 신들의 신이라고 고백했습니다. 다니엘의 간증은 우상 숭배를 일삼던 바벨론의 폭군까지 하나님을 찬양하게 만들었습니다.

다니엘서 4장에서는 느부갓네살왕이 직접 하나님의 행하심을 자랑합니다.

"지극히 높으신 하나님이 내게 행하신 이적과 놀라운 일을 내가 알게 하기를 즐겨 하노라"(단 4:2)

내 삶에는 간증할 게 없다고 하지 말고 하나님만 자랑합시다. 간증은 내 삶에 역사하신 하나님을 찬양하며 높이는 것입니다.

하나님의 다스리심과 선한 뜻을 믿는다면 나의 실패도 성공도 간증이 됩니다. 우리의 입에서 나오는 믿음의 고백이 공동체의 생명력이 될 것입니다.

Q2 하나님만 자랑하는 참된 간증을 하려면 먼저 내 안에 어떤 믿음이 있어야 하나요?

간단 요약

1. 다니엘은 많은 성취를 거두었지만 늘 하나님만 앞세웠습니다.
2. 축복의 결과물을 자랑하지 말고 하나님을 자랑해야 합니다.
3. 나의 실패와 고난도 간증이 될 수 있습니다.

⊙ 나의 목소리로 하나님만 자랑해요!

나의 삶에 역사하신 하나님은 어떤 분이라고 말할 수 있나요? 나의 언어로 하나님을 찬양하고 자랑하는 글을 적어 봅시다.

DANIEL PROJECT

→ 223쪽 습관챌린지 #3으로!

✓ 습관챌린지

↳ 습관챌린지는 다니엘과 같은 거룩한 습관을 만들기 위한 도전 과제입니다. 'Daily Mission' 후 습관챌린지 활동을 하면 다니엘의 영적 DNA가 삶 속에 깊이 자리할 것입니다. 챌린지를 완수한 후 비어 있는 배터리의 칸에 색을 칠해서 거룩한 습관을 완전히 충전합시다!

✦ 말씀으로 신앙을 고백하는 습관 ✦

하루를 시작하며 말씀으로 신앙을 고백하는 습관이 있나요? 이제 뜻을 정해서 하루를 시작할 때 하나님의 주권을 선포합시다. 어떤 말씀으로 신앙을 고백할지 적어 봅시다.

참고할 성경 말씀	
마태복음 16장 16b절	주는 그리스도시요 살아 계신 하나님의 아들이시니 이다
시편 23편 1절	여호와는 나의 목자시니 내게 부족함이 없으리로다
로마서 8장 37절	그러나 이 모든 일에 우리를 사랑하시는 이로 말미암아 우리가 넉넉히 이기느니라
신명기 6장 4-5절	이스라엘아 들으라 우리 하나님 여호와는 오직 유일한 여호와이시니 너는 마음을 다하고 뜻을 다하고 힘을 다하여 네 하나님 여호와를 사랑하라

✦ 시간을 정해 기도하는 습관 ✦

● 기도에 집중할 수 있는 시간을 정합시다.

> 나는 매일 (   ) 시에 집중해서 기도하겠습니다!

● 다니엘서 9장에서 다니엘은 기도할 때에 금식을 합니다. 금식은 음식을 먹지 않는 것이지만, 평소 내가 즐겨 추구하는 것을 잠시 멈추는 것이 될 수도 있습니다. 나에게 필요한 '멈춤'을 정하고, 멈춘 시간에 기도로 하나님을 찾읍시다.

1. 어떤 것을 멈추면 좋은가요?
❶ 식사 ❷ 미디어 콘텐츠(영상물, 게임, 책 등) ❸ 소셜 네트워크(메신저, SNS 등)
❹ 친구와의 만남 ❺ 취미 활동 ❻ 기타 _____

2. 멈추기에 좋은 방법은 무엇인지 구체적으로 적어 보세요.

_____

3. 언제 멈추나요?
❶ 매월 _____ 일 ❷ 매주 _____ 요일 ❸ 매일 _____ 시 이후(이전) ❹ 기타 _____

4. 멈춘 시간 동안 무엇을 위해 기도하면 좋은가요? 집중해서 기도할 제목을 적어 보세요.

_____

✦ 범사에 감사하는 습관 ✦

● 자기 전에 하루를 돌아보며 하나님께 감사합시다.

● 감사는 하나님을 향한 믿음의 열매입니다. 다니엘은 생명이 위협 받는 순간에도 하루 세 번씩 무릎 꿇고 기도하며 하나님께 감사드렸습니다. 어떤 상황에서도 다니엘은 하나님께 감사하기를 멈추지 않았고, 그 담대한 믿음의 고백이 놀라운 열매를 맺었습니다.
모든 상황에서 하나님을 신뢰하며 감사하는 연습이 우리에게도 필요합니다. 늘 좋은 일만 일어나지는 않습니다. 감사하기 어려운 힘든 일이 생기기도 합니다. 그러할지라도 다니엘처럼 하나님의 신실하심과 선하심을 신뢰하며 감사를 드립시다.

1. 오늘 감사했던 일을 세 가지 이상 생각하고 하나님께 감사의 고백을 드립시다.

> "하나님, (   ) 감사해요."

2. 오늘 하루 동안 감사하기 어려웠던 순간은 언제였나요? 그 순간을 믿음의 눈으로 다시 바라보며 감사의 고백으로 바꾸어 봅시다.

3. 오늘 만난 사람들 중 누구에게 고마움을 느꼈나요? 그 사람에게 감사한 마음을 표현합시다.

다니엘 프로젝트 개정확장판 (청소년용)

초판 1쇄 발행일 2025년 10월 20일

지은이   김은호

발행인   김은호
편집인   주경훈

책임편집   김영미
편집   황윤경 김수민 정민석 장보영
디자인   박세미
발행처   도서출판 꿈미
등록   제2014-000035호(2014년 7월 18일)
주소   서울시 강동구 양재대로81길 39, 2층 2호
전화   070-4352-4143, 02-6413-4896
팩스   02-470-1397
홈페이지   http://www.coommi.org
쇼핑몰   http://www.coommimall.com
메일   book@coommimall.com
인스타그램   @coommi_books

ISBN 979-11-93465-90-5 03230

도서출판 꿈미는 가정과 교회가 연합하여 다음세대를 일으키는 대안적 크리
스천 교육기관인 사단법인 꿈이있는미래의 사역을 돕기 위해 월간지와 교재,
각종 도서를 출간합니다.